KLEINES HANDBUCH FÜR MÄNNER

BURGER

KLEINES HANDBUCH FÜR MÄNNER

BURGER

ANDREA VERLAG

Entwurf und Realisation: Ivy Contract
Fotos: Charlie Paul

Copyright © für die deutsche Ausgabe
Parragon Books Ltd
Chartist House
15–17 Trim Street
Bath BA1 1HA, UK
www.parragon.com

Realisation der deutschen Ausgabe: trans texas publishing, Köln
Übersetzung: Melanie Schirdewahn, Köln u. a.
Korrektorat: Sebnem Yavuz, Erpel
Satz: Greiner & Reichel, Köln

Genehmigte Ausgabe für Andrea VerlagsGmbH
Cover: Jasmin Geiseler
Cover Foto: fotolia

ISBN 978-3-86405-137-1
Printed in China

Hinweis

Sofern die Schale von Zitrusfrüchten benötigt wird, verwenden Sie unbedingt unbehandelte Früchte.
Sind Zutatenmengen in Löffeln angegeben, ist immer ein gestrichener Löffel gemeint: Ein Teelöffel entspricht 5 ml,
ein Esslöffel 15 ml.

Es sollte stets frisch gemahlener schwarzer Pfeffer verwendet werden. Einige Rezepte enthalten Nüsse.
Allergiker sollten bei Rezepten, in denen Nüsse verarbeitet werden, die Nüsse weglassen.

Bei Eiern und einzelnen Gemüsesorten, z. B. Kartoffeln, verwenden Sie mittelgroße Exemplare. Kleinkinder, ältere
Menschen, Schwangere, Rekonvaleszenten und gesundheitlich beeinträchtigte Personen sollten Rezepte mit rohen
oder nur leicht gegarten Eiern meiden.

Die angegebenen Gar- und Zubereitungszeiten können von den tatsächlichen leicht abweichen, da je nach
Zubereitungsart und Herdtyp Schwankungen auftreten.

Inhaltsverzeichnis

Einleitung

Um den Ursprung des Burgers ranken sich viele Geschichten und Theorien. Während Rinderhackfrikadellen schon seit Jahrhunderten gegessen werden, kam der Begriff „Hamburger" erst im 19. Jahrhundert in den USA auf. Er soll von deutschen Einwanderern eingeführt worden sein. In Hamburg gab es einen Snack, der aus einem Weizenbrötchen, einer Scheibe Rinderbraten, Sauce und eingelegtem Gemüse bestand. Statt des Bratens wurden auch Frikadellen aus Rindfleisch und Eigelb verwendet, womit wir schon fast beim Hamburger sind.

Es könnte 1885 gewesen sein, als auf einer Landwirtschaftsaustellung in Wisconsin Charles Nagreen Burger zwischen zwei Brotscheiben servierte, damit sie aus der Hand gegessen werden konnten. Oder 1892, als Frank Mensches auf einer Landwirtschaftsaustellung in Ohio die Würstchen in seinem Imbissstand ausgingen und er stattdessen seine Sandwiches mit Hackfleischfrikadellen anbot. Einer dritten Theorie zu-

folge erfand Louis Lassen in seinem kleinen Diner in Connecticut den Burger etwa zeitgleich.

Beefburger gewannen in der ersten Hälfte des 20. Jahrhunderts immer mehr an Popularität, von den Restaurantketten im südlichen Kalifornien aus traten sie ihren Siegeszug um die ganze Welt an und gelten heute als uramerikanischer Imbiss. Die Australier lieben Burger mit eingelegter Roter Bete und manchmal auch einem Spiegelei oder Ananas (s. S. 114), während Koreaner Burger mit Kimchi, einem scharfen, fermentierten Kohl, belegen (s. S. 134). In Japan wiederum findet man Bento-Burger, die mit gepresstem Reis serviert werden (s. S. 156).

Geflügel, Fisch und Gemüse sind längst anerkannte Varianten des klassischen Beefburgers. Selbst Sterneköche wagen sich mittlerweile an Burger heran und kreieren Varianten mit Gänsestopfleber und Trüffeln oder einfach nur hervorragendem Fleisch. So hat dieses klassische amerikanische Gericht viele Abwandlungen auf der ganzen Welt erfahren.

Zeitlose Klassiker

Barbecue-Burger

Zeitlose Klassiker

Zutaten für 4 Personen

- 450 g frisches Rinderhackfleisch
- 1 EL Salz
- ½ EL Pfeffer
- 30 g Zwiebeln, fein gehackt
- 1 Knoblauchzehe, fein gehackt
- 175 ml Barbecuesauce (s. S. 168)
- 4 weiche Hamburgerbrötchen, halbiert
- Salatblätter
- Tomatenscheiben

So geht's

Den Holzkohlegrill für mittlere Hitze vorbereiten. Hackfleisch, Salz, Pfeffer, Zwiebeln und Knoblauch in einer mittelgroßen Schüssel sorgfältig vermengen. Die Mischung in 4 gleich große Portionen teilen und zu je 1 Patty formen.

125 ml Barbecuesauce in eine Schüssel geben.

Die Pattys auf den Grillrost legen und 4 Minuten grillen, bis sie auf einer Seite braun sind. Wenden, mit der Barbecuesauce bestreichen und weitere 4 Minuten grillen, bis sie den gewünschten Gargrad erreicht haben.

Die restliche Barbecuesauce auf die Hamburgerbrötchen streichen und die Burger hineingeben. Mit Salatblättern und Tomatenscheiben belegt sofort servieren.

Klassischer Cheeseburger

Zeitlose Klassiker

Zutaten für 4 Personen

- 750 g frisches Rinderhackfleisch
- 1 Würfel Rinderbrühe
- 1 EL gehackte getrocknete Zwiebeln
- 2 EL Wasser

- Salz und Pfeffer (nach Belieben)
- 1–2 EL Sonnenblumenöl
- 50 g geriebener Gouda oder Emmentaler
- einige Salatblätter

- 4 Hamburgerbrötchen
- Tomatenscheiben
- Pommes frites, zum Servieren

So geht's

Das Fleisch in eine große Schüssel geben. Den Brühwürfel fein zerbröseln und mit Zwiebeln und Wasser zum Fleisch geben. Gut vermengen und nach Belieben mit Salz und Pfeffer würzen. Die Fleischmischung in 4 Portionen teilen und zu je 1 flachen Patty formen.

Eine Grillpfanne auf mittlerer Stufe erhitzen. Die Pattys mit dem Öl einpinseln, in die Pfanne geben und 5–6 Minuten braten. Die Burger wenden, den Käse auf den gebratenen Seiten verteilen und weitere 5–6 Minuten braten, bis das Fleisch gar ist.

Die Salatblätter auf den unteren Brötchenhälften verteilen und die Burger darauflegen. Einige Tomatenscheiben darübergeben und die oberen Brötchenhälften daraufsetzen. Sofort mit Pommes frites servieren.

Der klassische Burger

Zeitlose Klassiker

Zutaten für 4–6 Personen

- 450 g Rumpsteak, frisch gehackt
- 1 Zwiebel, gerieben
- 2–4 Knoblauchzehen, zerdrückt
- 2 TL körniger Senf
- Pfeffer
- 2 EL Sonnenblumenöl
- 4–6 Hamburgerbrötchen
- Tomatenketchup (s. S. 178)
- Pommes frites (s. S. 176), zum Servieren

Röstzwiebeln
- 2 EL Olivenöl
- 450 g Zwiebeln, in feinen Ringen
- 2 TL Muskovado-Zucker

So geht's

Den Holzkohlegrill anheizen. Hackfleisch, Zwiebel, Knoblauch, Senf und Pfeffer nach Geschmack in einer großen Schüssel mit den Händen sorgfältig vermengen. Die Masse in 4–6 gleich große Portionen aufteilen und zu je 1 Patty formen. Abdecken und 30 Minuten in den Kühlschrank stellen.

Inzwischen die Röstzwiebeln vorbereiten. Das Öl in einer schweren Pfanne erhitzen und die Zwiebelringe bei niedriger Hitze darin schwenken, bis sie weich sind. Den Zucker zugeben und 8 Minuten unter gelegentlichem Rühren dünsten, bis die Zwiebeln braun sind. Auf Küchenpapier abtropfen lassen und warm halten.

Prüfen, ob die Burger fest genug zum Grillen sind, und großzügig mit Öl bestreichen. 5 Minuten von jeder Seite grillen, bis sie den gewünschten Gargrad haben. Die Burgerbrötchen mit der Schnittseite nach unten auf den Grill legen und leicht rösten. Die Burger in die Brötchen legen und mit den Zwiebeln belegen. Heiß mit Tomatenketchup und Pommes frites servieren.

Chili-Burger

Zeitlose Klassiker

Zutaten für 4 Personen

- 450 g frisches Rinderhackfleisch
- 1 TL Salz
- ½ TL Pfeffer
- 1 EL Butter

- 4 weiche Hamburger-brötchen, halbiert
- ½ Portion Beef-Chili (s. S. 202), aufgewärmt
- rote Zwiebelringe

- 30–55 g Emmentaler, gerieben

So geht's

Hackfleisch, Salz und Pfeffer in eine mittelgroße Schüssel geben und sorgfältig vermengen. Die Mischung in 4 gleich große Portionen teilen und zu je 1 Patty formen.

Eine große Pfanne auf mittlerer Temperatur vorheizen. Die Butter darin zerlassen, bis sie schäumt. Die Pattys hineingeben und 4 Minuten braten, bis sie braun sind und sich leicht vom Boden lösen. Wenden und von der anderen Seite 4 Minuten weiterbraten, bis der gewünschte Gargrad erreicht ist.

Die unteren Brötchenhälften auf einen Teller legen. Je 1 Burger auf 1 Brötchen setzen und mit Beef-Chili bedecken. Dann mit Zwiebeln und Käse bestreuen, mit den oberen Brötchenhälften abdecken und sofort servieren.

Doppeldecker-Burger

Zeitlose Klassiker

Zutaten für 4 Personen

- 900 g Rinderhackfleisch
- 2 TL Salz
- ½ TL Pfeffer
- 1 EL Pflanzenöl, zum Braten

- 8 Scheiben Gouda oder Emmentaler
- 4 weiche Brötchen
- einige Salatblätter
- Tomatenscheiben

- rote Zwiebelringe
- Gewürzgurken, längs halbiert

So geht's

Das Fleisch in eine Schüssel geben und mit Salz und Pfeffer sorgfältig vermengen. Die Masse in 8 gleich große Portionen aufteilen und zu je 1 Patty von maximal 1 cm Dicke formen. Je dünner das Patty, desto besser.

Eine Grillpfanne auf mittlerer Temperatur erhitzen. So viel Öl zugeben, dass der Boden der Pfanne bedeckt ist. Die Pattys hineingeben und 4 Minuten braten, bis sie braun sind und sich leicht von der Pfanne lösen. Wenden und auf der anderen Seite 2 Minuten braten. Dann 1 Käsescheibe auf jeden Burger legen und nach Belieben weitere 2 Minuten braten.

Auf die Unterseiten der Brötchen zunächst 1 Burger legen, dann einen zweiten darüber. Salatblätter, Tomatenscheiben, Zwiebelringe und Gurken darauflegen, mit den oberen Hälften der Brötchen abschließen und sofort servieren.

Käse-Speck-Burger

Zeitlose Klassiker

Zutaten für 4 Personen

- 6 Scheiben Bacon
- 450 g frisches Rinderhackfleisch
- Salz und Pfeffer

- 4 Käsescheiben
- 4 Hamburgerbrötchen, halbiert
- 2 EL Mayonnaise

- Salatblätter
- 4 Tomatenscheiben

So geht's

Den Holzkohlegrill für mittlere Hitze vorbereiten. Den Bacon bei mittlerer Hitze in einer Pfanne 8 Minuten knusprig braten. Auf Küchenpapier abtropfen lassen und die Scheiben halbieren.

Das Hackfleisch in eine Schüssel geben und mit Salz und Pfeffer würzen. Die Mischung in 4 gleich große Portionen aufteilen und zu je 1 Patty formen.

Die Pattys auf den Grillrost legen und abgedeckt 4 Minuten grillen. Wenden, jeden Burger mit einer Käsescheibe belegen, erneut abdecken und 4 Minuten weitergrillen, bis die Burger den gewünschten Gargrad haben und der Käse geschmolzen ist.

Beide Brötchenhälften mit Mayonnaise bestreichen und mit je 1 Burger belegen. Die Bacon-Stücke darauf verteilen und Salat und Tomatenscheiben darauflegen. Mit der oberen Brötchenhälfte abschließen. Sofort servieren.

Blauschimmelkäse-Zwiebel-Burger

Zeitlose Klassiker

Zutaten für 4 Personen

- 450 g frisches Rinderhackfleisch
- 1 TL Salz
- ½ TL Pfeffer
- Pflanzenöl, zum Bestreichen
- 4 Hamburgerbrötchen, halbiert
- 50 g Blauschimmel- käse, zerbröselt
- Salatblätter
- rote Zwiebelringe

So geht's

Den Backofengrill auf höchster Stufe vorheizen. Den Grillrost 5–8 cm unter den Heizstäben einschieben und eine mit Wasser gefüllte Abtropfschale darunter platzieren.

Das Hackfleisch mit Salz und Pfeffer in eine mittelgroße Schüssel geben und sorgfältig vermengen. In 4 gleich große Portionen teilen und zu je 1 Patty formen.

Die Pattys mit Öl bestreichen, auf den Grillrost legen und 4 Minuten von jeder Seite grillen, bis sie den gewünschten Gargrad erreicht haben.

Die Burger in die Brötchen legen. Etwas zerbröselten Käse vorsichtig daraufdrücken, damit der Burger seine Form behält, und mit Salat und Zwiebelringen belegen. Sofort servieren.

Alles-drin-Burger

Zeitlose Klassiker

Zutaten für 4 Personen

- 450 g frisches Rinderhackfleisch
- 1 TL Salz
- ½ TL Pfeffer
- Pflanzenöl, zum Braten

- 4 Käsescheiben
- 4 weiche Hamburger-brötchen, halbiert
- Senf, zum Bestreichen

- eingelegte Jalapeños (s. S. 204)
- Krautsalat (s. S. 192)
- 4 Tomatenscheiben

So geht's

Das Hackfleisch mit Salz und Pfeffer in eine mittelgroße Schüssel geben und sorgfältig vermengen. In 4 gleich große Portionen teilen und zu je 1 Patty formen.

Eine große Pfanne, vorzugsweise eine Grillpfanne, auf mittlerer Stufe erhitzen und so viel Öl zugeben, dass der Boden bedeckt ist. Die Pattys hineingeben, halb abdecken und 4 Minuten braten, bis die Burger braun sind und sich vom Pfannenboden lösen. Wenden, eine Käsescheibe auf jeden Burger legen und wieder halb abdecken. 3 Minuten weiterbraten, bis der gewünschte Gargrad erreicht ist.

Beide Brötchenhälften mit Senf bestreichen und mit Jalapeñoscheiben belegen. Je 1 Burger auf die unteren Brötchenhälften setzen, etwas Krautsalat und jeweils 1 Tomatenscheibe daraufgeben, mit den oberen Brötchenhälften abschließen und sofort servieren.

Sloppy Joes

Zeitlose Klassiker

Zutaten **für 4–6 Personen**

- 675 g mageres Rinderhackfleisch
- ½ Zwiebel, gehackt
- 2 Knoblauchzehen, fein gehackt
- 1 grüne Paprika, gewürfelt
- 450 ml Wasser
- 175 ml Tomatenketchup

- 1½ EL Rohrzucker
- 1 EL Dijon-Senf
- einige Spritzer Worcestersauce
- 1½ TL Salz
- ½ TL schwarzer Pfeffer
- Cayennepfeffer (nach Belieben)

- 4–6 Hamburger-brötchen, halbiert
- Chips, zum Servieren (nach Belieben)

So geht's

Hackfleisch und Zwiebel in einer großen Pfanne bei mittlerer Temperatur anbräunen. Dabei mit einem Holzspatel das Fleisch zerteilen und rühren.

Knoblauch und Paprika zufügen und 2 Minuten unter Rühren weiterbraten. Die Hälfte des Wassers zugießen. Leicht köcheln lassen, dabei den Bodensatz lösen.

Ketchup, Zucker, Senf, Worcestersauce, Salz, schwarzen Pfeffer, Cayennepfeffer und das restliche Wasser einrühren. Zum Kochen bringen, die Hitze reduzieren und auf kleiner Stufe 30–45 Minuten köcheln lassen, bis die meiste Flüssigkeit verdampft und die Mischung eingekocht ist. Die Mischung auf die unteren Brötchenhälften verteilen. Die oberen Hälften auflegen und nach Belieben mit Chips servieren.

Zutaten für 4 Personen

- 75 g Butter
- ½ TL fein gehackter Knoblauch
- 1 EL fein gehackte frische Petersilie
- je 1 TL fein gehackter frischer Thymian, Rosmarin oder Salbei
- 1½ TL Salz
- 450 g frisches Rinderhackfleisch
- 4 weiche Hamburgerbrötchen, halbiert

So geht's

4 Esslöffel Butter, Knoblauch, Kräuter und ½ Teelöffel Salz in eine kleine Schüssel geben und gut vermischen. Die Kräuterbutter in Frischhaltefolie geben und zu einer 2,5 cm dicken Rolle formen. Mindestens 1 Stunde in den Kühlschrank legen.

Beim Zubereiten der Burger die Butter aus dem Kühlschrank nehmen, in 4 gleich große Teile schneiden und auf Raumtemperatur bringen.

Hackfleisch und restliches Salz in einer großen Schüssel vermengen. Die Mischung in 4 gleich große Portionen teilen und zu je 1 dicken Patty formen.

Eine große Pfanne auf mittlerer Stufe erhitzen. Die restliche Butter hineingeben und zerlassen, bis sie schäumt. Wenn sie nicht mehr schäumt, die Burger hineingeben und von jeder Seite 4 Minuten braten, bis sie braun sind und sich vom Boden lösen. Wenden und 4 Minuten weiterbraten, bis der gewünschte Gargrad erreicht ist.

Je einen Burger auf eine untere Brötchenhälfte legen. Die Kräuterbutter daraufgeben und mit der oberen Hälfte bedecken. Sofort servieren.

Lamm-Minze-Burger

Zeitlose Klassiker

Zutaten für 4 Personen

- 2 EL Olivenöl
- 1 rote Paprika, geviertelt
- 1 gelbe Paprika, geviertelt
- 1 rote Zwiebel, in dicke Spalten geschnitten
- 1 Mini-Aubergine (120 g), in Stücke geschnitten
- 450 g frisches Lammhackfleisch
- 2 EL frisch geriebener Parmesan

- 1 EL frisch gehackte Minze
- Salz und Pfeffer
- 4–6 Hamburgerbrötchen, halbiert
- in Streifen geschnittene Salatblätter
- gegrilltes Gemüse, z. B. Paprika, Cocktailtomaten, zum Servieren

Minze-Senf-Mayonnaise
- 4 EL Mayonnaise
- 1 TL Dijon-Senf
- 1 EL frisch gehackte Minze

So geht's

Den Holzkohlegrill für mittlere Hitze vorbereiten. Den Grillrost einölen.

Paprika, Zwiebel und Aubergine auf den Rost legen und 10–12 Minuten grillen, bis sie geschwärzt sind. Vom Grill nehmen, abkühlen lassen und die Paprika schälen.

Das gegrillte Gemüse in eine Küchenmaschine oder in einen Mixer geben und grob vermengen. Lammhack, Parmesan, Minze, Salz und Pfeffer nach Geschmack zugeben und so lange mixen, bis alles gut vermischt ist. Die Mischung in 4–6 gleich große Portionen teilen und zu je 2,5 cm dicken Pattys formen. Mit Salz und Pfeffer bestreuen und leicht einölen.

Für die Mayonnaise alle Zutaten sorgfältig vermischen. Abdecken und bis zur Verwendung in den Kühlschrank stellen.

Die Pattys auf den Grill legen und von jeder Seite 5 Minuten grillen, bis sie gar sind. Die Brötchen innen mit Öl einpinseln und mit der Schnittseite nach unten 1–2 Minuten auf den Grillrost legen. Dann die Burger in die Brötchen geben, mit Salat und Mayonnaise garnieren und mit gegrilltem Gemüse sofort servieren.

Patty-Schmelz

Zeitlose Klassiker

Zutaten für 4 Personen

- 8 Scheiben Vollkorntoast
- 2 EL weiche Butter, plus etwas mehr zum Einfetten
- 8 dünne Schmelzkäsescheiben
- 600 g frisches Rinderhackfleisch
- 1 TL Salz
- ½ TL Pfeffer
- 1 Portion Röstzwiebeln (s. S. 172)

So geht's

Das Brot mit der Butter bestreichen. 4 Scheiben mit der Butterseite nach unten auf die Arbeitsfläche legen und mit je 1 Käsescheibe belegen.

Hackfleisch, Salz und Pfeffer in einer Schüssel sorgfältig vermengen. Die Mischung in 4 Portionen aufteilen und zu je 1 rechteckigen Patty formen.

Eine Grillpfanne mit Butter einfetten und auf mittlerer Stufe erhitzen. Die Pattys in die Pfanne geben und 4 Minuten von jeder Seite braten, bis der gewünschte Gargrad erreicht ist. Herausnehmen und die Pfanne auswischen.

Die Burger auf die mit Käse belegten Toasts geben, dann die Röstzwiebeln und die restlichen Käsescheiben darüberlegen. Die restlichen Brotscheiben mit der Butterseite nach oben auflegen.

Die Sandwiches in die Pfanne geben und bei mittlerer Hitze von jeder Seite 2 Minuten braten, bis sie goldbraun sind. Sofort servieren.

Burger mit Käsefüllung

Zeitlose Klassiker

Zutaten für 2 Personen

- 325 g frisches Rinderhackfleisch
- 1 TL Salz
- ½ TL Pfeffer
- 2 Schmelzkäsescheiben, geviertelt
- Pflanzenöl, zum Braten
- ½ rote Zwiebel, in Ringen
- 2 weiche Hamburgerbrötchen, halbiert
- Salatblätter
- Tomatenscheiben

So geht's

Den Holzkohlegrill für mittlere Temperatur vorbereiten. Hackfleisch, Salz und Pfeffer in einer Schüssel vermengen. Die Mischung in 4 gleich große Portionen aufteilen und zu je 1 Kugel formen. Auf die saubere Arbeitsfläche legen und flach drücken, bis sie etwas größer als die Brötchen und etwa 1 cm dick sind. Den Käse auf 2 Pattys legen, dabei einen Rand von 1 cm lassen. Die 2 anderen Pattys jeweils darauflegen und am Rand gut festdrücken, damit der Käse beim Garen nicht ausläuft.

Das Öl in einer Pfanne auf mittlerer Stufe erhitzen. Die Zwiebelringe hineingeben und unter häufigem Rühren 8 Minuten dünsten, bis sie weich und braun sind. Alternativ die Zwiebelringe 2 Minuten von jeder Seite auf dem Holzkohlegrill rösten.

Die Pattys auf den Grillrost legen. 8 Minuten grillen, dann vorsichtig wenden und von der anderen Seite 5–7 Minuten weitergrillen.

Je 1 Burger auf die untere Hälfte eines Brötchens geben, mit Zwiebeln, Salat und Tomatenscheiben belegen und die obere Hälfte darauflegen. Heiß servieren.

Grüner Chili-Burger

Zeitlose Klassiker

Zutaten für 4 Personen

- 8 frische Poblano-Chilis
- 2 Zwiebeln
- 3 Knoblauchzehen
- 1 EL Pflanzenöl

- 1½ TL Salz
- 900 g frisches Rinderhackfleisch

- 4 Hamburger-brötchen, halbiert
- 4 Käsescheiben

So geht's

Den Holzkohlegrill für hohe Hitze vorbereiten. Die Chilis auf den Rost legen und unter gelegentlichem Wenden grillen, bis die Haut schwarz ist. 15 Minuten beiseitelegen, bis man sie anfassen kann.

Zwiebeln und Knoblauch fein hacken. Die Chilis häuten und hacken.

Öl, drei Viertel der gehackten Zwiebeln und ½ Teelöffel Salz in einem mittelgroßen Topf auf hoher Stufe unter häufigem Rühren 3 Minuten braten, bis sie weich sind. Knoblauch und Chilis zugeben. Abdecken, auf niedrige Temperatur stellen und 30 Minuten garen, bis sich die Aromen verbunden haben und das Gemüse weich ist. Beiseitestellen.

Hackfleisch und restliches Salz in eine große Schüssel geben und sorgfältig vermengen. Die Mischung in 4 gleich große Portionen teilen und zu je 1 dicken Patty formen. Abdecken und in den Kühlschrank stellen.

Die Brötchen mit der Schnittseite nach unten auf den Rost legen und 1–2 Minuten grillen. Auf Teller legen.

Die Pattys auf den Rost legen und 4 Minuten grillen, bis sie braun sind, dann umdrehen und von der anderen Seite grillen. Nach 2 Minuten auf jeden Burger 1 Käsescheibe legen, abdecken und weitere 3 Minuten grillen, bis die Burger den gewünschten Gargrad erreicht haben.

Auf jede untere Brötchenhälfte je 1 Burger legen, mit der grünen Chili-Sauce bestreichen und mit den restlichen gehackten Zwiebeln garnieren. Die oberen Brötchenhälften auflegen und sofort servieren.

Low-Carb-Burger

Zeitlose Klassiker

Zutaten für 4 Personen

- 450 g frisches Rinderhackfleisch
- Salz und Pfeffer
- ¼ TL getrockneter oder ½ TL frisch gehackter Thymian
- Zucchinischeiben
- Pflanzenöl, zum Einfetten
- Salatblätter
- Tomatenscheiben
- Zwiebelringe

So geht's

Den Holzkohlegrill für mittlere Temperatur vorbereiten. Hackfleisch, ½ Teelöffel Salz, ¼ Teelöffel Pfeffer und Thymian in einer Schüssel vorsichtig vermengen. Die Mischung in 4 gleich große Portionen aufteilen und zu je 1 Patty formen.

Die Zucchinischeiben leicht mit Öl bestreichen und mit Salz und Pfeffer bestreuen.

Pattys und Zucchini auf den Grillrost legen. Die Zucchini 3 Minuten von jeder Seite grillen, bis sie weich ist und Streifen hat. Die Pattys 4 Minuten von jeder Seite grillen, bis der gewünschte Gargrad erreicht ist.

Jeden Burger auf mehrere Salatblätter legen. Mit Zucchini, Tomate und Zwiebelringen garnieren und sofort servieren.

Rosmarin-Zwiebel-Burger

Zeitlose Klassiker

Zutaten für 4 Personen

- 450 g frisches Rinderhackfleisch
- 1 TL Salz
- ½ TL Pfeffer
- ½ EL fein gehackter frischer Rosmarin

- Pflanzenöl, zum Braten
- 55–85 g Manchego-Käse, geraspelt oder in dünnen Scheiben
- 4 Focaccia-Quadrate, 16 cm Seitenlänge, halbiert

- 125 ml Mayonnaise
- Röstzwiebeln (s. S. 172)
- Salatblätter
- Tomatenscheiben

So geht's

Hackfleisch, Salz, Pfeffer und Rosmarin in eine mittelgroße Schüssel geben und sorgfältig vermengen. Die Mischung in 4 gleich große Portionen teilen und zu je 1 Patty formen.

Eine große Pfanne, vorzugsweise eine Grillpfanne, auf mittlerer Temperatur erhitzen. Den Pfannenboden mit Öl bedecken. Die Pattys hineingeben und 4 Minuten braten, bis die Burger braun sind und sich leicht vom Boden lösen. Wenden und 2 Minuten weiterbraten, dann etwas Käse auf jeden Burger legen und weitere 2 Minuten braten, bis der gewünschte Gargrad erreicht ist.

Die Focaccia mit der Mayonnaise bestreichen. Den Burger auf den unteren Teil setzen, mit Zwiebeln, Salat und Tomaten belegen, mit dem oberen Teil der Focaccia abdecken und sofort servieren.

Zutaten für 4 Personen

- 2 EL Pflanzenöl, plus etwas mehr zum Bestreichen
- ½ Zwiebel, in feinen Ringen
- 120 g Champignons, in Scheiben

- 1 TL Salz
- ½ TL Pfeffer
- 450 g frisches Rinderhackfleisch
- Gruyère-Käsescheiben
- 4 Mohn-Hamburgerbrötchen, halbiert

- Salatblätter
- Tomatenscheiben
- Salz und Pfeffer

So geht's

Das Öl in einer Pfanne auf mittlerer Stufe erhitzen. Die Zwiebeln darin 3 Minuten dünsten, bis sie weich sind. Die Pilze zugeben und mit Salz und Pfeffer würzen. 1–2 Minuten garen, dann rühren. So lange weiterdünsten, bis die Pilze gar sind.

Das Hackfleisch in eine Schüssel geben, Salz und ½ Teelöffel Pfeffer zugeben und vorsichtig vermengen. In 4 gleich große Portionen teilen und zu je 1 Patty formen.

Eine Grillpfanne auf mittlerer Temperatur erhitzen und mit Öl bestreichen. Die Pattys hineingeben und abdecken. 4 Minuten braten, bis das Fleisch braun ist, wenden und auf der anderen Seite 2 Minuten weiterbraten. Den Käse auflegen und noch 2 Minuten braten, bis der gewünschte Gargrad erreicht ist.

Die unteren Brötchenhälften mit Salat und Tomatenscheiben belegen und die Burger daraufgeben. Die Pilzmischung auf die 4 Burger verteilen, die oberen Hälften auflegen und sofort servieren.

Klassischer Hähnchen-Burger

Zeitlose Klassiker

Zutaten für 4 Personen

- 4 große Hähnchenbrustfilets
- 1 großes Eiweiß
- 1 EL Speisestärke
- 1 EL Mehl
- 1 Ei, verquirlt
- 50 g frische Semmelbrösel
- 2 EL Sonnenblumenöl
- große Tomatenscheiben
- in Streifen geschnittene Salatblätter
- 4 Hamburgerbrötchen, halbiert
- 4 EL Mayonnaise
- Pommes frites (s. S. 176), zum Servieren

So geht's

Das Hähnchenfilet zwischen zwei Lagen Backpapier legen und mit einer Teigrolle oder einem Fleischklopfer plattieren. Eiweiß und Speisestärke vermischen und das Fleisch damit bestreichen. Abdecken und 30 Minuten in den Kühlschrank stellen. Dann mit dem Mehl bestreuen.

Ei und Semmelbrösel in zwei separate tiefe Teller geben. Das Fleisch zunächst im verquirlten Ei wenden, dabei überschüssiges Ei in den Teller zurücktropfen lassen. Anschließend in den Semmelbröseln wenden.

Das Öl in einer schweren Pfanne erhitzen. Die Burger darin bei mittlerer Hitze von jeder Seite 6–8 Minuten braten, bis sie durch sind. Die Tomatenscheiben in den letzten 1–2 Minuten mitbraten.

Die Salatblätter auf die unteren Brötchenhälften verteilen und je 1 Burger darauflegen. Die Tomaten darübergeben und mit einem Löffel Mayonnaise verfeinern. Heiß mit Pommes frites servieren.

Hähnchen-Burger im Speckmantel

Zeitlose Klassiker

Zutaten für 4 Personen

- 450 g fein gehacktes Hühnerfleisch
- 1 Zwiebel, gerieben
- 2 Knoblauchzehen, zerdrückt
- 50 g Pinienkerne, geröstet
- 50 g frisch geriebener Gruyère
- 2 EL Schnittlauchröllchen
- Salz und Pfeffer
- 2 EL Weizenvollkornmehl
- 8 Scheiben Frühstücksspeck
- 1–2 EL Sonnenblumenöl
- 1 rote Zwiebel, in dünne Ringe geschnitten
- einige Salatblätter, in Streifen geschnitten
- 4 Ciabattabrötchen, halbiert
- 4 EL Mayonnaise
- 1 Frühlingszwiebel, in Ringen

So geht's

Das Hühnerfleisch mit Zwiebel, Knoblauch, Pinienkernen, Käse, Schnittlauch, Salz und Pfeffer in eine Küchenmaschine geben und zu einer groben Masse verarbeiten. Aus der Masse 4 gleich große Pattys formen. Im Mehl wenden, abdecken und 1 Stunde kalt stellen.

Jedes Patty mit 2 Speckscheiben umwickeln und mit einem Zahnstocher fixieren.

Den Holzkohlegrill für mittlere Temperatur vorbereiten und den Rost mit dem Öl bestreichen. Die Burger 5–6 Minuten auf jeder Seite grillen, bis sie gar sind.

Salatstreifen und Zwiebelringe auf jede untere Brötchenhälfte legen, je einen Burger, 1 Esslöffel Mayonnaise und Frühlingszwiebel daraufgeben und mit der oberen Brötchenhälfte servieren.

Puten-Burger

Zeitlose Klassiker

Zutaten für 4 Personen

- 350 g Putenbrust, gehackt
- 4 EL frische Vollkorn-semmelbrösel
- 1 kleine Zwiebel, fein gehackt
- 1 Apfel, geschält, Kerngehäuse entfernt und fein gehackt
- abgeriebene Schale und Saft von 1 kleinen Zitrone
- 2 EL fein gehackte frische Petersilie
- Salz und Pfeffer
- Sonnenblumenöl, zum Bestreichen
- 4 Hamburgerbrötchen oder Focaccias, aufgeschnitten

So geht's

Den Backofengrill auf mittlere Temperatur vorheizen. Hackfleisch, Semmelbrösel, Zwiebel, Apfel, Zitronenschale und -saft sowie Peter-silie in eine große Schüssel geben. Mit Salz und Pfeffer würzen und alles sorgfältig vermengen. Die Mischung in 4 gleich große Portionen auf-teilen und zu je 1 Patty formen.

Die Pattys mit Öl bestreichen, in eine ofenfeste Grillpfanne geben und unter den Backofengrill stellen. Unter einmaligem Wenden 5 Minuten grillen, bis die Burger durch sind. Zur Garprobe mit der Spitze eines Messers in die dickste Fleischstelle stechen, der austretende Bratensaft sollte klar sein. Ist er rosafarben, dann weitere 1–2 Minuten grillen.

Jeden Burger in ein Brötchen legen, mit Bratensud übergießen und sofort servieren.

Puten-Burger im Sandwich

Zeitlose Klassiker

Zutaten für 4 Personen

- 450 g frisches Putenhackfleisch
- 1 Knoblauchzehe, fein gehackt
- 1½ EL frischer, fein gehackter Rosmarin
- 1 EL Salz
- ½ EL Pfeffer
- 6 Speckscheiben
- 8 Scheiben getoastetes Weizenmischbrot
- 2–3 EL Remoulade (s. S. 186)
- Salatblätter
- Tomatenscheiben

So geht's

Den Holzkohlegrill für mittlere Hitze vorbereiten. Hackfleisch, Knoblauch, Rosmarin, Salz und Pfeffer in einer Schüssel vermengen. Die Mischung in 4 gleich große Portionen teilen und zu je 1 dicken Patty formen.

Den Speck 8 Minuten bei mittlerer Hitze in einer Pfanne braten, bis er knusprig ist. Auf Küchenpapier abtropfen lassen und halbieren.

Jede Brotscheibe mit ½ Teelöffel Remoulade bestreichen.

Die Burger auf den Grillrost legen und bei mittlerer Hitze abgedeckt 4–5 Minuten von jeder Seite grillen, bis sie durchgegart sind.

Je 1 Burger auf 1 Brotscheibe legen und Speck, Salat und Tomaten darübergeben. Mit etwas Remoulade beträufeln und mit den restlichen Brotscheiben belegen. Sofort servieren.

Ultimativer Veggie-Burger

Zeitlose Klassiker

Zutaten für 4–6 Personen

- 80 g Naturreis
- Salz und Pfeffer
- 400 g Flageoletbohnen aus der Dose, abgetropft
- 120 g ungesalzene Cashewkerne
- 3 Knoblauchzehen
- 1 rote Zwiebel, in Spalten

- 120 g Mais aus der Dose, abgetropft
- 2 EL Tomatenmark
- 1 EL frisch gehackter Oregano
- 2 EL Weizenvollkornmehl
- 2 EL Sonnenblumenöl
- Salz und Pfeffer

- in Streifen geschnittene Salatblätter
- 4–6 Roggenbrötchen, halbiert
- Tomatenscheiben
- Halloumi-Käse, in Scheiben

So geht's

Den Reis in leicht gesalzenem Wasser 20 Minuten kochen, bis er weich ist. Abgießen und in eine Küchenmaschine geben.

Bohnen, Cashewkerne, Knoblauch, Zwiebel, Mais, Tomatenmark, Oregano, Salz und Pfeffer zum Reis in die Küchenmaschine geben und ganz kurz zerkleinern. 4 gleich große Pattys aus der Mischung formen, im Mehl wenden, abdecken und 1 Stunde kalt stellen.

Eine Pfanne erhitzen und das Öl zufügen. Die Burger bei mittlerer Hitze 5–6 Minuten von jeder Seite braten.

Salatblätter auf die unteren Hälften der Roggenbrötchen verteilen. Die Burger darauflegen und mit je 1 Tomaten- und Halloumi-Scheibe belegen. 2 Minuten im Backofengrill überbacken, die oberen Brötchenhälften aufsetzen und sofort servieren.

Bohnen-Burger

Zeitlose Klassiker

Zutaten für 4 Personen

- 400 g Kidneybohnen aus der Dose, abgetropft und abgespült
- 400 g Kichererbsen aus der Dose, abgetropft und abgespült
- 1 Eigelb

- ¼ TL geräuchertes Paprikapulver
- 50 g frische Semmelbrösel
- 3 Frühlingszwiebeln, fein gehackt
- Salz und Pfeffer
- Pflanzenöl, zum Bestreichen

- 4 knusprige Brötchen, halbiert
- einige Salatblätter
- Tomatenscheiben
- 4 EL Schmand oder saure Sahne

So geht's

Den Holzkohlegrill für hohe Hitze vorbereiten.

Bohnen, Kichererbsen, Eigelb, Paprikapulver, Semmelbrösel und Frühlingszwiebeln in eine große Schüssel geben und vermischen. Mit Salz und Pfeffer würzen. Die Mischung in 4 gleich große Portionen teilen und zu je 1 Patty formen. Die Oberfläche mit Salz und Pfeffer würzen und leicht mit Öl bestreichen.

Den Grillrost mit Öl bestreichen. Die Pattys 5 Minuten von jeder Seite grillen, bis sie braun sind und das Fleisch gar ist. Die Schnittseiten der Brötchen mit Öl bestreichen und 1–2 Minuten über dem Grill rösten. Salatblätter und Tomaten auf die untere Brötchenhälfte geben, mit den Burgern belegen und mit dem Schmand bestreichen. Die obere Brötchenhälfte aufsetzen und sofort servieren.

Tofu-Burger mit Aioli

Zeitlose Klassiker

Zutaten für 3 Personen

- 280 g fester Tofu
- 2 EL Sojasauce
- ½ EL Worcestersauce
- 1 Knoblauchzehe, fein gehackt
- ¼ EL Paprikapulver
- 8 kleine frische Korianderstängel, fein gehackt
- 50 ml Mayonnaise
- 3 Hamburgerbrötchen, halbiert
- rote Zwiebelringe
- Salatblätter

So geht's

Den Backofengrill auf höchster Stufe vorheizen und einen Grillrost 15 cm unter den Heizstäben einschieben. Mit Alufolie abdecken.

Den Tofu abtropfen lassen und trocken tupfen. In 1 cm dicke Scheiben schneiden, sodass sie in die Brötchen passen.

Sojasauce, Worcestersauce, die Hälfte des Knoblauchs und das Paprikapulver in einer flachen Schüssel vermischen und die Tofuscheiben nebeneinander dazugeben. Den Tofu darin wenden und mindestens 15 Minuten, höchstens aber 3 Stunden, im Kühlschrank marinieren.

Koriander und restlichen Knoblauch in der Küchenmaschine vermengen, die Mayonnaise zugeben und weitermixen.

Den Tofu auf den vorbereiteten Grillrost legen und 3 Minuten von jeder Seite grillen, bis er braun ist.

Die Koriander-Aioli auf beide Brötchenhälften streichen und je eine Tofuscheibe auf die untere Hälfte legen. Zwiebeln und Salat zugeben, die obere Hälfte auflegen, halbieren und sofort servieren.

Original Fisch-Burger

Zeitlose Klassiker

Zutaten für 4 Personen

- 4 Mahi-Mahi-Filets (à 120 g) oder anderen weißfleischigen Fisch
- 2 TL Pflanzen- oder Rapsöl
- ½ TL Meersalz
- ¼ TL Pfeffer
- 4 weiche Hamburgerbrötchen, halbiert
- 4 EL Remoulade (s. S. 186)
- Zwiebelringe
- Salatblätter
- Tomatenscheiben

So geht's

Den Fisch abspülen und trocken tupfen. Beide Seiten mit dem Öl bestreichen und mit Salz und Pfeffer bestreuen. Auf ein großes Stück Backpapier legen.

Den Backofengrill auf höchster Stufe vorheizen und den Rost 8 cm von den Heizstäben entfernt einschieben.

Den Fisch auf den Rost legen und 4 Minuten im Ofen grillen, dann wenden und 3 Minuten weitergrillen, bis die Ränder beginnen, braun zu werden und der Fisch gerade gar ist. (Die Mitte des Fischs sollte sich leicht zerteilen lassen.)

Beide Hälften des Brötchens mit Remoulade bestreichen. Auf jede untere Hälfte ein Fischfilet geben und mit Zwiebeln, Salat und Tomaten belegen. Die obere Brötchenhälfte darauflegen und sofort servieren.

Die große Gourmet-Revue

Burger mit Orangenmarinade

Die große Gourmet-Revue

Zutaten für 4–6 Personen

- 500 g Schweinefilet, in Stücke geschnitten
- 3 EL Orangenmarmelade
- 2 EL Orangensaft
- 1 EL Balsamico
- 2 Pastinaken, in Stücke geschnitten
- 1 EL fein abgeriebene Orangenschale
- 2 Knoblauchzehen, fein gehackt
- 6 Frühlingszwiebeln, fein gehackt
- 1 Zucchini, gerieben
- Salz und Pfeffer
- Sonnenblumenöl, zum Bestreichen
- 4–6 Hamburgerbrötchen, halbiert
- Salatblätter

So geht's

Die Fleischstücke in eine Schüssel legen. Marmelade, Orangensaft und Essig in einen Topf geben und unter Rühren erhitzen, bis die Marmelade flüssig ist. Die warme Marinade über das Fleisch gießen und sorgfältig vermengen. Die Schüssel abdecken und 30 Minuten marinieren.

Die Pastinaken in kochendem Salzwasser 15–20 Minuten weich garen. Abgießen, abtropfen lassen und zerstampfen.

Das marinierte Fleisch gut abtropfen lassen und die Marinade aufbewahren. Anschließend das Fleisch durch den Fleischwolf drehen oder fein hacken. Mit dem Pastinakenmus in einer Schüssel vermengen. Orangenschale, Knoblauch, Frühlingszwiebeln und Zucchini zugeben, mit Salz und Pfeffer würzen und nochmals vermengen. Aus der Masse 4–6 große, flache Pattys formen. Auf einen Teller legen, abdecken und 30 Minuten im Kühlschrank ziehen lassen.

Den Holzkohlegrill für mittlere Hitze vorbereiten. Wenn die Kohlen gut durchgeglüht sind, die Pattys mit etwas Öl bestreichen und 4–6 Minuten von jeder Seite grillen, bis sie durchgegart sind. Die zurückbehaltene Marinade in einem Topf 5 Minuten einkochen und in eine Schüssel füllen. Burger und Salatblatt zwischen die beiden Brötchenhälften legen und mit der Sauce servieren.

Pastrami-Burger

Die große Gourmet-Revue

Zutaten für 4 Personen

- 450 g frisches Rinderhackfleisch
- 1 TL Salz
- ½ TL Pfeffer
- 1 EL Butter

- 4 Scheiben Gruyère
- 4 Sesambrötchen, halbiert
- 50 ml Thousand-Island-Dressing

- Salatblätter, in Streifen geschnitten
- 250 g Pastrami oder Corned Beef

So geht's

Das Fleisch in eine mittelgroße Schüssel geben und mit Salz und Pfeffer sorgfältig vermengen. Die Mischung in 4 gleich große Portionen aufteilen und zu je 1 Patty formen.

Eine Grillpfanne auf mittlerer Stufe erhitzen. Die Butter hineingeben und zerlassen, bis sie nicht mehr schäumt. Die Pattys 4 Minuten darin braten, bis sie braun sind. Dann wenden und weitere 2 Minuten braten. Je 1 Käsescheibe auf jeden Burger legen und nach Geschmack weitere 3 Minuten braten.

Die Brötchenhälften auf Tellern anrichten. Mit dem Thousand-Island-Dressing bestreichen, dann Salatstreifen darübergeben. Je 1 Burger daraufsetzen und mit dem Pastrami belegen. Sofort servieren.

Tatar-Burger

Die große Gourmet-Revue

Zutaten für 6 Personen

- 6 Cornichons
- 2 EL Kapern
- 1 TL eingelegte grüne Pfefferkörner
- 2 Eigelb
- 1 TL Salz
- 675 g frisches mageres Rinderhackfleisch
- 6 Hamburgerbrötchen, halbiert
- 6 EL Mayonnaise

So geht's

Den Backofengrill auf höchste Stufe vorheizen. Den Grillrost 5–8 cm unter den Heizstäben einschieben.

Inzwischen Cornichons, Kapern und Pfefferkörner fein hacken.

Das Eigelb in einer großen Schüssel leicht verquirlen. Cornichons, Kapern, Pfefferkörner und Salz einrühren. Das Fleisch zugeben und sorgfältig vermengen. Die Mischung in 6 gleich große Portionen aufteilen und zu je 1 Patty formen.

Die Pattys auf ein großes Stück Backpapier legen und auf dem Grillrost unter dem vorgeheizten Grill 4 Minuten garen, bis sie braun werden. Wenden und von der anderen Seite 4 Minuten grillen, bis die Burger den gewünschten Gargrad haben.

Inzwischen jedes Brötchen mit 1 Esslöffel Mayonnaise bestreichen, die Burger dazwischenlegen und sofort servieren.

Burger Black & Blue

Die große Gourmet-Revue

Zutaten **für 4 Personen**

- 120 g Blauschimmelkäse
- 50 ml Mayonnaise
- 50 g Schmand oder saure Sahne
- 1 TL Pfeffer
- 1 TL Paprikapulver

- 1 TL getrockneter Thymian
- 1 TL Salz
- ½ TL Cayennepfeffer
- 450 g frisches Rinderhackfleisch

- 4 Sesam-Hamburger-brötchen, halbiert
- Salatblätter
- Tomatenscheiben

So geht's

Käse, Mayonnaise und Schmand in einer Schüssel mit einer Gabel möglichst glatt vermischen und beiseitestellen.

Pfeffer, Paprika, Thymian, Salz und Cayennepfeffer in einer kleinen Schüssel vermengen.

Das Fleisch in 4 gleich große Portionen aufteilen und zu je 1 Patty formen. Auf beiden Seiten mit der Pfefferbeize einreiben.

Eine große beschichtete Pfanne auf hoher Stufe erhitzen. Die Pattys darin 4 Minuten braten, bis die Beize eine Kruste bildet und die Ränder braun werden. Wenden und von der anderen Seite braten, bis der gewünschte Gargrad erreicht ist.

Die Burger in die Brötchen legen, mit Blauschimmelkäse-Mischung, Salatblättern und Tomatenscheiben belegen und sofort servieren.

Steakhouse-Burger

Die große Gourmet-Revue

Zutaten für 4 Personen

- 450 g Rinderschmorfleisch mit mindestens 20 % Fettanteil
- 1 TL Salz
- ½ TL Pfeffer
- 4 Hamburgerbrötchen, halbiert
- 4 Gruyère-Käsescheiben
- 2 EL Mayonnaise
- 2 EL Tomatenketchup
- Salatblätter
- Tomatenscheiben

So geht's

Den Holzkohlegrill für mittlere Hitze vorbereiten. Das Fleisch in 2,5 cm große Würfel schneiden, auf einen Teller geben, mit Frischhaltefolie abdecken und etwa 30 Minuten in den Kühlschrank stellen.

Die Hälfte des Fleischs in eine Küchenmaschine geben oder in einem Standmixer zu einer groben Masse verarbeiten. Das Fleisch mit der Hälfte von Salz und Pfeffer würzen und noch einmal kurz mixen. Die Masse sollte Gehacktem ähneln und darf nicht zu lange püriert werden, da sie sonst zu Mus wird. Aus der Küchenmaschine nehmen und mit dem restlichen Fleisch ebenso verfahren. Die Mischung in 4 gleich große Portionen aufteilen und zu je 1 Patty formen.

Die Pattys auf den Rost legen und nach Geschmack grillen, bis sie braun sind. Für Englisch sollten sie 3 Minuten pro Seite gegrillt werden, für Medium jeweils 4 Minuten. In den letzten 2 Minuten jeden Burger mit 1 Käsescheibe belegen.

Inzwischen Mayonnaise und Ketchup in einer Schüssel verrühren. Die Brötchen damit bestreichen, dann die Burger hineingeben und mit Salatblättern und Tomatenscheiben belegen. Sofort servieren.

Smoke-Burger

Die große Gourmet-Revue

Zutaten für 4 Personen

- 450 g frisches Rinderhackfleisch
- 1 TL Salz
- ½ TL Pfeffer
- einige Scheiben Räucherkäse

- 4 süße Hamburger-brötchen, halbiert

Feigenrelish
- 1 Portion Röstzwiebeln (s. S. 172)

- 75 g Feigen-konfitür
- 1 EL Rotweinessig
- 1 EL Sojasauce
- 1 TL Worcestersauce
- Pfeffer

So geht's

Zum Räuchern Holzchips mindestens 10 Minuten in Wasser einweichen.

Für das Relish Röstzwiebeln, Konfitüre, Essig, Sojasauce, Worcester-sauce und Pfeffer nach Geschmack in einem mittelgroßen Topf ver-rühren. Langsam zum Kochen bringen und 1–2 Minuten zu einem dicken Relish einköcheln lassen. Beiseitestellen.

Hackfleisch, Salz und Pfeffer sorgfältig in einer Schüssel vermengen. Die Mischung in 4 Portionen aufteilen und zu je 1 Patty formen.

Bei Verwendung eines Gasgrills die Holzchips in Alufolie wickeln und Belüftungslöcher einstechen, damit der Rauch entweichen kann. Den Rost anheben, das Folienpaket in der Nähe eines Brennelements platzieren und diesen auf hohe Stufe stellen. Die anderen Brenner auf mittel bis niedrig stellen, abdecken und den Grill auf 200 °C vorheizen.

Falls ein Kugelgrill verwendet wird, diesen für mittlere Hitze vorbe-reiten. Die Kohlen auf eine Seite legen und die Holzchips daraufgeben.

Wenn das Holz zu rauchen beginnt, die Pattys auf die andere Seite des Grillrosts legen. Abdecken und 12 Minuten garen. Danach die Pattys mit Käse belegen und weitere 2 Minuten garen, bis sie den gewünschten Gargrad erreicht haben.

Die Burger in die Brötchen legen und mit dem Relish garniert servieren.

Pulled-Pork-Burger

Die große Gourmet-Revue

Zutaten für 12 Personen

- 1 Schweineschulter (ca. 2,5 kg)
- 30 g Paprikapulver
- 50 g Rohrzucker
- 2 EL Salz
- 2 EL Pfeffer
- 2 EL gemahlene Kurkuma
- 2 EL Senfpulver
- 1 EL Cayennepfeffer
- 12 weiche Sandwich-brötchen, halbiert
- Gewürzgurken-Relish (s. S. 194)
- Barbecue-Sauce (s. S. 168)

So geht's

Einen Kugelgrill für niedrige Hitze vorbereiten, indem das Feuer nur auf einer Seite entzündet wird (bei Gas nur ein Element entflammen). Dann eine halb mit Wasser gefüllte feuerfeste Schale auf die Seite ohne Kohle stellen und einen Rost auflegen.

Das Schweinefleisch abspülen und trocken tupfen. Paprika, Zucker, Salz, Pfeffer, Kurkuma, Senfpulver und Cayennepfeffer in einer kleinen Schüssel vermischen. Das Fleisch mit dieser Beize rundum vollständig einreiben, sodass sie später eine Kruste bildet.

Das Fleisch auf den Rost über die Wasserschale legen, den Grill ab-decken und 6 Stunden garen, bis das Fleisch sehr weich ist. Dabei alle 30 Minuten prüfen, ob die Kohle noch glüht und ggf. mehr Kohle oder Wasser zugeben.

Das Fleisch vom Grill nehmen und 10–20 Minuten ruhen lassen. Mit Gabeln auseinanderzupfen.

Das Zupffleisch auf einer Platte mit Brötchen, Gewürzgurken-Relish und Barbecue-Sauce servieren, sodass sich jeder seinen Burger selbst zusammenstellen kann.

BLT-Burger mit Spargel

Die große Gourmet-Revue

Zutaten für 4–6 Personen

- 250 g Bacon-Scheiben
- 450 g frisch gehacktes Steak
- 1 Zwiebel, gerieben
- 2–4 Knoblauchzehen, zerdrückt
- Salz und Pfeffer
- 1–2 EL Sonnenblumenöl

- Salatblätter
- 4–6 Hamburgerbrötchen, halbiert
- Tomatenscheiben

Spargeldip
- 175 g grüne Spargelspitzen
- 1 EL Zitronensaft

- 1 kleine reife Avocado, geschält, entkernt und fein gehackt
- 2 feste Tomaten, entkernt und fein gehackt
- 150 g Crème fraîche
- Salz und Pfeffer

So geht's

Jegliches Fett und die Rinde vom Bacon abschneiden und diesen fein hacken. Bacon, Hackfleisch, Zwiebel, Knoblauch, Salz und Pfeffer in einer großen Schüssel sorgfältig vermengen. Die Mischung in 4–6 gleich große Portionen aufteilen und zu je 1 Patty formen. Abdecken und 30 Minuten in den Kühlschrank stellen.

Für den Dip den Spargel putzen und in leicht gesalzenem Wasser 5 Minuten köcheln lassen. Abgießen und in kaltes Wasser geben. Abtropfen, die Hälfte der Spitzen fein hacken und in eine Schüssel geben. Die restlichen Spitzen beiseitelegen. Den Zitronensaft über die Avocado träufeln und mit Tomaten und Crème fraîche verrühren. Mit Salz und Pfeffer würzen, abdecken und bis zum Verzehr in den Kühlschrank stellen.

Den Holzkohlegrill anheizen. Die Pattys leicht mit Öl bestreichen und von jeder Seite 3–4 Minuten über den heißen Kohlen grillen, bis sie den gewünschten Gargrad haben.

Die Salatblätter auf die unteren Brötchenhälften verteilen und die Burger darauflegen. Mit Tomatenscheiben und Spargelspitzen garnieren und 1 Löffel vom Dip darübergeben. Die oberen Hälften auflegen und sofort servieren.

Burger mit Champignons

Die große Gourmet-Revue

Zutaten für 4 Personen

- 1 EL natives Olivenöl extra, plus etwas mehr zum Braten
- 1 Knoblauchzehe, fein gehackt
- ½ TL fein gehackter frischer Rosmarin oder Thymian
- 250 g Champignons, Stiele entfernt und sehr fein gehackt
- Salz und Pfeffer
- 450 g frisches Rinderhackfleisch
- 4 Scheiben reifer Käse
- 4 süße Hamburger-brötchen, halbiert
- weiche Butter, zum Bestreichen

So geht's

Das Öl in einer großen Pfanne auf mittlerer Stufe erhitzen. Knoblauch und Rosmarin darin 30 Sekunden dünsten, bis sie anfangen zu duften. Die Pilze zugeben und 1 Minute rühren. Mit Salz und Pfeffer würzen, dann die Hitze leicht reduzieren und unter häufigem Rühren 15 Minuten weiterdünsten, bis die Flüssigkeit verkocht ist und die Pilze sehr weich und trocken sind.

Die Pilze in eine mittelgroße Schüssel geben und abkühlen lassen. Dann Hackfleisch, ½ Teelöffel Salz und ¼ Teelöffel Pfeffer zugeben. Sorgfältig vermengen, dann die Mischung in 4 gleich große Portionen aufteilen und zu je 1 Patty formen.

Die Pfanne wieder auf mittlerer Stufe erhitzen und den Boden mit Öl bedecken. Die Pattys hineingeben und 4 Minuten braten, bis sie braun sind und sich vom Boden lösen. Wenden und 2 Minuten weiterbraten, dann je 1 Scheibe Käse auf jeden Burger legen und weitere 2 Minuten braten, bis sie den gewünschten Gargrad haben.

Die Brötchen mit Butter bestreichen, die Burger hineingeben und sofort servieren.

Trüffel-Burger

Die große Gourmet-Revue

Zutaten für 4 Personen

- 450 g Rinderhackfleisch vom Filet oder einem anderen, qualitativ hochwertigen Teilstück
- 175 g Parmesan, frisch gerieben
- ½ TL Salz
- ½ TL Pfeffer
- 4 quadratische Focaccia-Stücke (etwa 15 cm Seitenlänge)
- 1 TL weißes Trüffelöl

So geht's

Den Backofengrill auf höchster Stufe vorheizen. Hackfleisch, 50 g Käse, Salz und Pfeffer in einer großen Schüssel vorsichtig vermengen. Die Mischung in 4 gleich große Portionen aufteilen und zu je 1 Patty formen. Die Pattys auf Backpapier geben und beiseitelegen.

Für die Knuspertaler eine kleine beschichtete Pfanne auf mittlerer Stufe erhitzen. Ein Viertel von dem restlichen Käse in einem Häufchen hinein- geben und darin braten, bis es geschmolzen ist. Vorsichtig herausheben und zum Auskühlen und Härten auf einen Teller legen. Auf diese Weise 3 weitere Knuspertaler zubereiten.

Die Pattys unter den vorgeheizten Backofengrill legen und 4 Minuten grillen, bis sie brutzeln und oben braun werden. Wenden und 4 Minuten weitergrillen, bis der gewünschte Gargrad erreicht ist.

Je 1 Burger auf ein Stück Focaccia legen und mit etwas Trüffelöl be- träufeln. Mit dem Knuspertaler abschließen und sofort servieren.

Zutaten für 4 Personen

- ½ Tasse getrocknete Steinpilze (Porcini)
- 2 EL Olivenöl, plus etwas mehr zum Bestreichen
- 1 TL Salz
- ½ TL Pfeffer

- 450 g frisches Rinderhackfleisch
- 50 g Gruyère, gerieben
- 4 süße Hamburger-brötchen, halbiert
- 4 TL weiche Butter

- Röstzwiebeln oder knusprige Zwiebelringe (s. S. 172 oder 174)

So geht's

Die getrockneten Pilze in einer Gewürzmühle oder einer gereinigten Kaffeemühle mahlen. Sie sollten 2 Esslöffel Pulver ergeben. Das Pulver mit Öl, Salz und Pfeffer in eine Schüssel geben und rühren, bis das Salz aufgelöst ist. Falls nötig, die Mischung mit bis zu 2 Teelöffeln Wasser verdünnen. Das Hackfleisch zugeben und sorgfältig vermengen. Die Mischung in 4 gleich große Portionen aufteilen und zu je 1 Patty formen.

Eine Grillpfanne auf mittlerer Stufe erhitzen und einölen. Die Pattys in die Pfanne legen und abdecken. 4 Minuten von jeder Seite braten. Nach 2 Minuten den Käse auf den Burger legen und weitere 2 Minuten braten, bis die Burger gar sind.

Die Brötchen mit der Butter bestreichen und je 1 Burger hineingeben. Mit den Zwiebeln garnieren und sofort servieren.

Rauchsalz-Burger

Die große Gourmet-Revue

Zutaten für 6 Personen

- 4 kleine Zucchini
- 2 Tomaten
- 2 EL Olivenöl, plus 1 EL zum Beträufeln
- 675 g frisches Rinderhackfleisch
- 1½ TL Rauchsalz, plus mehr nach Geschmack
- 6 dicke Scheiben Sauerteigbrot

So geht's

Den Holzkohlegrill für starke Hitze vorbereiten. Die Zucchini längs in insgesamt 12 dünne Scheiben schneiden.

Die Stielansätze und die untere Seite von den Tomaten abschneiden und die Tomaten quer dazu in dicke Scheiben schneiden.

Zucchini und Tomaten mit dem Öl bestreichen.

Hackfleisch und Rauchsalz in einer Schüssel vermengen. Die Mischung in 6 gleich große Portionen aufteilen und zu je 1 Patty formen.

Gemüse und Brot auf den Grillrost legen. Von jeder Seite 3 Minuten grillen, bis die Zucchini weich sind und Grillstreifen aufweisen. Vom Grill nehmen und mit Rauchsalz bestreuen.

Die Pattys auf den Rost legen und von jeder Seite 4 Minuten grillen. Jeden Burger auf eine geröstete Brotscheibe legen und mit Rauchsalz bestreuen. Darüber 2 Zucchinistreifen und 1–2 Tomatenscheiben geben. Mit dem Öl beträufeln und sofort servieren.

Burger mit Blauschimmelkäse

Die große Gourmet-Revue

Zutaten für 4 Personen

- 500 g frisches Rinderhackfleisch
- 1 TL Salz
- ½ TL Pfeffer
- 50–80 g Blauschimmelkäse, in 4 Stücken
- Pflanzenöl, zum Braten
- 4 süße Hamburgerbrötchen, halbiert
- Salatblätter
- Tomatenscheiben
- rote Zwiebelringe

So geht's

Hackfleisch, Salz und Pfeffer in einer mittelgroßen Schüssel sorgfältig vermengen. Die Mischung in 4 gleich große Portionen aufteilen und jede zu einer Kugel formen. Mit dem Finger eine Mulde in jede Kugel drücken und diese mit dem Käse füllen. Zusammendrücken, damit der Käse umhüllt ist, und das Patty auf eine Dicke von 1,5 cm flach drücken.

Eine große beschichtete Pfanne, vorzugsweise eine Grillpfanne, auf mittlerer Stufe erhitzen. Den Boden mit Pflanzenöl bedecken. Die Pattys hineingeben und von jeder Seite 4–5 Minuten braten, bis sie braun und gar sind. (Etwas Käse könnte auslaufen.)

Die Burger in die Brötchen legen, mit Salatblättern, Tomaten und Zwiebeln garnieren und sofort servieren.

Kalbfleisch-Burger mit Pfeffer

Die große Gourmet-Revue

Zutaten für 4 Personen

- 3 Schalotten
- 2 EL Olivenöl
- 450 g frisches Kalbshackfleisch

- 1 TL Salz
- ½ TL bunter Pfeffer
- 4 quadratische Focaccia-Stücke, halbiert

- 1 große Handvoll Rucola

So geht's

Die Schalotten schälen, in feine Scheiben schneiden und die einzelnen Zwiebelringe herauslösen. Das Öl in einer großen Pfanne auf hoher Stufe erhitzen und die Ringe darin unter gelegentlichem Rühren braten, bis sie braun sind. Mit einem Schaumlöffel herausheben und auf Küchenpapier abtropfen lassen. Beiseitestellen.

Das Hackfleisch in eine große Schüssel geben und mit Salz und Pfeffer bestreuen. Sorgfältig vermengen. Die Mischung in 4 gleich große Portionen teilen und zu je 1 Patty formen.

Das meiste Öl mit Küchenpapier aus der Pfanne wischen und die Pfanne zurück auf den Herd stellen. Auf mittlerer Stufe erhitzen, die Pattys hineinlegen und von jeder Seite 4 Minuten braten, bis sie braun und gar sind.

Jeden Burger auf die unteren Focaccia-Hälften geben und mit Schalotten, Rucola und oberen Focaccia-Stücken belegen. Sofort servieren.

Puten-Burger mit Zitrone

Die große Gourmet-Revue

Zutaten für 12 Stück

- 500 g frisches Putenhackfleisch
- ½ kleine Zwiebel, gerieben
- fein abgeriebene Schale und Saft von 1 Zitrone
- 1 Knoblauchzehe, fein gehackt
- 2 EL fein gehackte frische Minze
- ½ TL Pfeffer
- 1 TL Meersalz
- 1 Ei, verquirlt
- 1 EL Olivenöl
- Zitronenspalten, zum Servieren

So geht's

Alle Zutaten, außer Öl und Zitronenspalten, in einer Schüssel sorgfältig vermengen. In 12 gleich große Portionen teilen und zu je 1 Patty formen. Abdecken und mindestens 1 Stunde, besser über Nacht in den Kühlschrank stellen.

Das Öl in einer großen, schweren Pfanne erhitzen. Wenn es flimmert, die Burger ggf. portionsweise hineingeben. Bei mittlerer Stufe 4–5 Minuten von jeder Seite braten, bis sie goldbraun und gar sind.

Die Burger auf eine vorgewärmte Servierplatte heben und sofort mit Zitronenspalten zum Beträufeln servieren.

Puten-Estragon-Burger

Die große Gourmet-Revue

Zutaten für 4 Personen

- 50 g Bulgur
- 450 g frisches Putenhackfleisch
- 1 EL fein abgeriebene Orangenschale
- 1 rote Zwiebel, fein gehackt
- 1 gelbe Paprika, fein gehackt
- 25 g geröstete Mandelblättchen
- 1 EL frisch gehackter Estragon
- Salz und Pfeffer
- 1–2 EL Sonnenblumenöl
- Salatblätter
- Tomaten-Relish mit Zwiebeln (s. S. 196)
- Tomaten-Zwiebel-Salat, zum Servieren

So geht's

Den Bulgur in leicht gesalzenem Wasser nach Packungsanweisung 10–15 Minuten ziehen lassen.

Den Bulgur abtropfen lassen und mit Putenfleisch, Orangenschale, Zwiebel, Paprika, Mandeln und Estragon in eine Schüssel geben. Mit Salz und Pfeffer würzen. Alles vermischen und zu 4 gleich großen Pattys formen. Abdecken und für 1 Stunde in den Kühlschrank stellen.

Den Holzkohlegrill für mittlere Hitze vorbereiten. Wenn die Kohlen gut durchgeglüht sind, die Pattys mit dem Öl bestreichen und von jeder Seite 5–6 Minuten grillen, bis sie gar sind.

Die Salatblätter auf einer Servierplatte anrichten und die Burger darauflegen. Das Relish darüberlöffeln und sofort mit Tomaten-Zwiebel-Salat servieren.

Puten-Gorgonzola-Burger

Die große Gourmet-Revue

Zutaten für 4 Personen

- 2 Schalotten, fein gehackt
- ½ TL Salz
- ½ TL Pfeffer
- 50 g Gorgonzola oder anderer Blauschimmelkäse, zerkrümelt
- 450 g frisches Putenhackfleisch
- 4 knusprige Brötchen, halbiert

So geht's

Den Holzkohlegrill für mittlere Hitze vorbereiten. Schalotten, Salz, Pfeffer und Käse in einer Schüssel verrühren. Das Putenfleisch hinzufügen und alles sorgfältig vermengen.

Die Burgermischung in 4 gleich große Portionen aufteilen und jede zu 1 Patty formen.

Die Pattys auf den Grillrost legen und 4 Minuten von jeder Seite grillen, bis sie braun sind und das Fleisch gar ist. Die Burger zwischen die Brötchen legen und sofort servieren.

Krebsfleisch-Burger

Die große Gourmet-Revue

Zutaten für 6 Personen

- 450 g Krebsfleisch
- 150 ml Mayonnaise
- 1 EL frisch gehackte Petersilie
- 1 TL Meeresfrüchte-Gewürzmischung
- 1 Ei
- 1 TL Worcestersauce

- 1 TL Senfpulver
- ½ TL Salz
- ¼ TL Pfeffer
- 30 g Semmelbrösel
- 2 EL Butter
- 6 Hamburgerbrötchen, halbiert
- Tomatenscheiben

- in Streifen geschnittene Salatblätter
- Remoulade (s. S. 186) und Zitronenspalten, zum Servieren

So geht's

Das Krebsfleisch in eine mittelgroße Schüssel geben und Mayonnaise, Petersilie, Gewürzmischung, Ei, Worcestersauce, Senfpulver, Salz und Pfeffer hinzufügen. Sorgfältig vermengen, dann nach und nach die Semmelbrösel zugeben und gut vermischen. Die Masse 30 Minuten in den Kühlschrank stellen.

Die Burgermasse in 6 gleich große Portionen aufteilen und zu je 1 Patty formen.

Eine Grillpfanne auf mittlerer Stufe erhitzen, die Butter zugeben und zerlassen. Gleichmäßig in der Pfanne verteilen. Die Pattys hineingeben und von jeder Seite 6–7 Minuten braten, bis sie goldbraun sind.

Die Burger in die Brötchen geben, mit Tomatenscheiben und Salat belegen und mit Remoulade bestreichen. Mit Zitronenspalten servieren.

Süßkartoffel-Brokkoli-Burger

Die große Gourmet-Revue

Zutaten für 4–6 Personen

- 3 Süßkartoffeln, geschält und in Stücke geschnitten
- 200 g Brokkoliröschen
- 2–3 Knoblauchzehen, zerdrückt
- 1 rote Zwiebel, fein gehackt oder gerieben

- 1–2 frische rote Jalapeño-Chilis, entkernt und fein gehackt
- 150 g frisch geriebener Emmentaler
- Salz und Pfeffer
- 2 EL Weizenvollkornmehl

- 2–3 EL Sonnenblumenöl
- 4 Zwiebeln, in Ringe geschnitten
- 1 EL frisch gehackter Koriander, plus etwas mehr zum Garnieren

So geht's

Die Süßkartoffeln in leicht gesalzenem Wasser 15–20 Minuten kochen, bis sie weich sind. Abgießen und zerstampfen. Den Brokkoli in Stücke schneiden und 3 Minuten kochen. Abgießen, abschrecken und zu den Kartoffeln geben.

Knoblauch, Zwiebel, Chilis, Käse, Salz und Pfeffer zufügen und gut vermischen. Die Mischung zu 4–6 gleich großen Pattys formen. Im Mehl wenden, abdecken und mindestens 1 Stunde kalt stellen.

1½ Esslöffel Öl in einer schweren Pfanne erhitzen. Die Zwiebeln zufügen und bei mittlerer Hitze 12–15 Minuten dünsten, bis sie weich sind. Den Koriander unterrühren und beiseitestellen.

Den Holzkohlegrill für mittlere Hitze vorbereiten. Wenn die Kohlen gut durchgeglüht sind, die Burger mit dem restlichen Öl bestreichen. 5–6 Minuten von jeder Seite grillen.

Die Süßkartoffel-Brokkoli-Burger mit gedünsteten Zwiebeln und frisch gehacktem Koriander garnieren und sofort servieren.

Apfel-Gorgonzola-Burger

Die große Gourmet-Revue

Zutaten für 4–6 Personen

- 4–6 neue Kartoffeln
- 200 g gemischte Nüsse, z. B. Pekannüsse, Mandeln oder Haselnüsse
- 1 Zwiebel, grob gehackt
- 2 kleine Äpfel, z. B. Granny Smith, geschält, entkernt und gerieben
- 150 g Gorgonzola, zerkrümelt
- 50 g frische Vollkornsemmelbrösel
- Salz und Pfeffer
- 2 EL Weizenvollkornmehl
- 1–2 EL Sonnenblumenöl
- Salatblätter
- 4 Käsebrötchen, halbiert
- rote Zwiebelringe

So geht's

Die Kartoffeln schälen und 15–20 Minuten kochen, bis sie weich sind. Dann mit einem Kartoffelstampfer zerdrücken. In eine große Schüssel geben.

Nüsse und Zwiebel in eine Küchenmaschine geben und zerkleinern. Nussmasse, Äpfel, Käse und Semmelbrösel zu den Kartoffeln geben. Alles gut vermischen und mit Salz und Pfeffer würzen. 4–6 gleich große Pattys aus dieser Masse formen, im Mehl wenden, abdecken und 1 Stunde kalt stellen.

Den Holzkohlegrill für mittlere Hitze vorbereiten. Wenn die Kohlen gut durchgeglüht sind, die Pattys mit dem Öl bepinseln und auf den Rost legen. 5–6 Minuten von jeder Seite grillen.

Die Salatblätter auf die unteren Brötchenhälften verteilen. Die Burger darauflegen, mit Zwiebelringen belegen und die oberen Brötchenhälften aufsetzen. Sofort servieren.

Burger mit Mozzarella

Die große Gourmet-Revue

Zutaten für 4 Personen

- 4 EL Olivenöl
- 2 EL Rotweinessig
- 1 Knoblauchzehe, fein gehackt
- 4 große Champignons, Stiele entfernt
- Salz und Pfeffer
- 4–8 Scheiben Mozzarella
- 4 quadratische Focaccia-Stücke (etwa 15 cm Seitenlänge), halbiert
- 2 EL Pesto
- Tomatenscheiben
- kleine Rucola-Blätter

So geht's

Den Backofengrill auf 160 °C vorheizen. Öl, Essig und Knoblauch in einer mittelgroßen Schüssel vermengen. Die Pilze mit den Lamellen nach oben auf ein Backblech legen und mit der Ölmischung beträufeln. Mit Salz und Pfeffer bestreuen.

Unter den vorgeheizten Grill legen und 5–8 Minuten grillen, bis die Pilze weich sind. Die Käsescheiben auflegen und 1–2 Minuten weitergrillen, bis der Käse Blasen wirft. Inzwischen die Focaccia auf einem Rost unten in den Backofen schieben und 5 Minuten erwärmen.

Die unteren Focaccia-Hälften mit dem Pesto bestreichen und die Pilze darauflegen. Mit Tomatenscheiben und Rucola garnieren, die oberen Focaccia-Hälften aufsetzen und sofort servieren.

Rote-Bete-Burger

Die große Gourmet-Revue

Zutaten für 4–6 Personen

- 100 g Hirse
- 175 ml leicht gesalzenes Wasser
- 150 g rohe Rote Bete, gerieben
- 30 g Karotten, gerieben
- 175 g Zucchini, gerieben

- 60 g Walnusskerne, fein gehackt
- 2 EL Apfelessig
- 2 EL natives Olivenöl extra, plus etwas mehr zum Braten
- Salz und Pfeffer
- 1 Ei

- 2 EL Speisestärke
- 250 g Naturjoghurt
- 2 TL fein gehackter Knoblauch
- 5 Vollkornbrötchen, halbiert
- Salatblätter

So geht's

Die Hirse abspülen, abtropfen und mit dem Salzwasser in einen kleinen Topf geben. Auf mittlerer Stufe zum Kochen bringen, abdecken und bei kleiner Hitze 20–25 Minuten köcheln. Vom Herd nehmen und 5 Minuten abgedeckt ruhen lassen.

Rote Bete, Karotten, Zucchini und Walnüsse in einer großen Schüssel vermischen. Hirse, Essig, Öl, ½ Teelöffel Salz und ¼ Teelöffel Pfeffer zugeben und gut verrühren. Ei und Speisestärke zugeben, verrühren und für 2 Stunden in den Kühlschrank stellen.

Den Joghurt in ein mit einem Musselintuch ausgeschlagenes Sieb geben und 30 Minuten abtropfen lassen. Den Knoblauch einrühren und mit Salz und Pfeffer würzen.

Die Rote-Bete-Mischung portionsweise in eine Tasse mit 125 ml Inhalt geben und zu einer Frikadelle formen. Auf diese Art 4–6 Pattys herstellen. Eine große Pfanne auf mittlerer Stufe erhitzen und mit Öl bestreichen. Die Pattys hineingeben und auf jeder Seite 5 Minuten braten, vorsichtig wenden und weiterbraten, bis sie braun sind.

Die Brötchenhälften mit der Joghurtsauce bestreichen, die Burger auf die untere Hälfte geben und mit Salat belegen. Mit der oberen Hälfte abdecken und sofort servieren.

Mediterraner Fisch-Burger

Die große Gourmet-Revue

Zutaten für 4–6 Personen

- 300 ml Wasser
- 250 g Instant-Polenta
- 450 g Dorschfilet, ohne Haut
- 1 EL frisch gehacktes Basilikum
- 50 g frisch geriebener Parmesan

- Salz und Pfeffer
- 2 EL Mehl
- 1–2 EL natives Olivenöl extra
- 4–6 Ciabatta-brötchen, halbiert
- 1 Handvoll Baby-spinat, zum Servieren

- Aioli (s. S. 166)
- geröstetes mediterranes Gemüse, zum Servieren

So geht's

Das Wasser in einem großen Topf zum Kochen bringen. Die Polenta langsam und gleichmäßig bei niedriger Hitze einrieseln lassen. Unter ständigem Rühren 5 Minuten leicht köcheln, bis die Masse eindickt.

Polenta, Fisch, Basilikum, Käse, Salz und Pfeffer in eine Küchenmaschine geben und kurz vermengen. Aus der Masse 4 Pattys formen, im Mehl wenden, abdecken und 1 Stunde in den Kühlschrank stellen.

Den Holzkohlegrill anheizen. Die Pattys mit dem Öl bestreichen und bei mittlerer Temperatur von jeder Seite 4–5 Minuten grillen, bis der gewünschte Gargrad erreicht ist.

Die Hälfte der Ciabattabrötchen mit frischen Spinatblättern und einem Burger belegen. Ein wenig Aioli daraufgeben und die restlichen mit gegrilltem Gemüse servieren.

Thunfisch-Burger mit Salsa

Die große Gourmet-Revue

Zutaten für 4–6 Personen

- 1 große Süßkartoffel,
  in Stücke geschnitten
- Salz
- 500 g Thunfischsteaks
- 6 Frühlingszwiebeln,
  fein gehackt
- 175 g Zucchini, geraspelt
- 1 frischer roter
  Jalapeño-Chili, entkernt
  und fein gehackt
- 2 EL Mango-Chutney
  aus dem Glas

- 1 EL Sonnenblumenöl
- Salatblätter

Mango-Salsa
- 1 große vollreife Mango,
  in dünne Scheiben
  geschnitten
- 2 vollreife Tomaten,
  klein gewürfelt
- 1 frischer roter
  Jalapeño-Chili, entkernt
  und fein gehackt

- 4-cm-Stück Salat-
  gurke, sehr fein
  gewürfelt
- 1 EL frisch gehackter
  Koriander
- 1–2 TL Honig

So geht's

Die Süßkartoffelstücke in einem Topf mit Salzwasser 15–20 Minuten kochen, bis sie gar sind. Abgießen und abtropfen lassen. Den Thunfisch in Stücke schneiden. Süßkartoffel und Thunfisch mit Frühlingszwiebeln, Zucchini, Chili und Chutney im Mixer grob zerkleinern.

Aus der Masse 4–6 flache Pattys formen. Auf einen Teller legen, abdecken und 1 Stunde im Kühlschrank ziehen lassen.

Von der Mango 12 Scheiben zurückbehalten und den Rest hacken. Für die Salsa alle Zutaten in einer Schüssel verrühren. Die Salsa abdecken und 30 Minuten kalt stellen.

Den Holzkohlegrill für mittlere Hitze vorbereiten. Wenn die Kohlen gut durchgeglüht sind, die Pattys mit dem Öl bestreichen und von jeder Seite 4–6 Minuten grillen. Salatblätter und Mangoscheiben auf Teller verteilen, die Burger darauf anrichten und etwas Mango-Salsa darübergeben. Sofort servieren.

Lachs-Burger mit Spinat

Die große Gourmet-Revue

Zutaten für 4–6 Personen

- 300 g Kartoffeln, geschält und in Würfel geschnitten
- 450 g Lachsfilet, ohne Haut
- 200 g frischer Spinat
- 60 g Pinienkerne, geröstet
- 2 EL fein abgeriebene Zitronenschale

- 1 EL frisch gehackte Petersilie
- Salz und Pfeffer
- 200 g Crème fraîche
- 4-cm-Stück Salatgurke, geschält und fein gehackt
- 2 EL Weizenvollkornmehl
- 2 EL Sonnenblumenöl

- 4–6 Vollkornbrötchen, halbiert
- gegrillte Cocktailtomaten, zum Servieren

So geht's

Die Kartoffeln in leicht gesalzenem Wasser 15–20 Minuten gar kochen. Abtropfen lassen, zerstampfen und beiseitestellen.

Den Lachs in Stücke schneiden. Einige Spinatblätter zum Servieren zurückbehalten, den Rest in einem Topf mit kochendem Wasser kurz blanchieren. Abtropfen lassen, Flüssigkeit sorgfältig herauspressen und die Blätter hacken.

Spinat, Lachs, Kartoffeln, Pinienkerne, 1 TL Zitronenschale, Petersilie, Salz und Pfeffer in eine Küchenmaschine geben und zerkleinern. Aus dieser Masse 4–6 gleich große Pattys formen. Abdecken und 1 Stunde kalt stellen.

Crème fraîche, restliche Zitronenschale und Gurke in einer Schüssel vermengen. Abdecken und bis zur Verwendung kalt stellen.

Den Holzkohlegrill anheizen. Die Pattys im Mehl wenden. Den Grillrost einölen und die Burger 4–6 Minuten von jeder Seite grillen.

Zum Servieren die restlichen Spinatblätter auf den unteren Brötchenhälften verteilen und die Burger darauflegen. Etwas Crème-fraîche-Mischung darübergeben und die oberen Brötchenhälften daraufsetzen. Sofort mit gegrillten Cocktailtomaten servieren.

Stars aus aller Welt

Stars aus aller Welt

Zutaten für 4 Personen

- 450 g Rinderhackfleisch
- 2 EL Worcestersauce
- 4 Toasties
- 4 EL Butter
- 2 EL Pflanzenöl
- 4 Eier
- ½ TL Salz
- ½ TL Pfeffer

So geht's

Das Hackfleisch mit der Hälfte der Worcestersauce in einer großen Schüssel vermengen. Die Mischung in 4 gleich große Portionen teilen und zu je 1 Patty formen, das etwa 1 cm größer als das Toastie ist. In die Mitte jedes Pattys eine kleine Vertiefung drücken.

Die Toasties auseinandernehmen und jede Hälfte mit Butter bestreichen.

Eine große Pfanne auf mittlerer Stufe erhitzen. Die Toastiehälften mit der Butterseite nach unten darin 2 Minuten braten. Je 2 Hälften auf jeden Teller legen.

Die Pattys in die Pfanne geben und 4 Minuten braten, bis sie braun sind. Wenden und von der anderen Seite braten, bis der gewünschte Gargrad erreicht ist. Auf eine der Toastiehälften je 1 Burger legen und mit der restlichen Worcestersauce beträufeln.

Das Öl in die Pfanne geben und erhitzen. Die Eier darin aufschlagen und mit Salz und Pfeffer bestreuen. Abdecken und 3 Minuten braten, bis das Eiweiß gestockt. Jeden Burger mit einem Spiegelei belegen und mit der zweiten Toastiehälfte abdecken. Sofort servieren.

Australischer Burger

Stars aus aller Welt

Zutaten für 4 Personen

- 450 g frisches Rinderhackfleisch
- Salz und Pfeffer
- 2–3 TL Pflanzenöl, zum Einfetten und Braten
- 4 Scheiben Ananas aus der Dose
- 4 Eier
- 4 weiche Hamburger-brötchen, halbiert
- Mayonnaise, zum Bestreichen
- 4–8 Scheiben eingelegte Rote Bete
- Salatblätter
- Tomatenscheiben

So geht's

Hackfleisch, 1 Teelöffel Salz und ½ Teelöffel Pfeffer in einer großen Schüssel sorgfältig vermengen. Die Mischung in 4 gleich große Portionen teilen und zu je 1 Patty formen.

Eine Grillpfanne auf mittlerer Stufe erhitzen und mit 1 Teelöffel Öl ein-fetten. Die Ananas mit Öl einfetten und Pattys und Ananas in die Pfanne geben. Abdecken und die Ananas 3 Minuten von jeder Seite braten, bis sie weich ist und Streifen hat. Die Burger 4 Minuten von jeder Seite braten. Aus der Pfanne nehmen und warm halten.

Gerade so viel Öl in die Pfanne geben, dass der Boden bedeckt ist. Die Eier darin aufschlagen und mit Salz und Pfeffer bestreuen. Abdecken und 3 Minuten braten, bis das Eiweiß gestockt ist.

Die Brötchenhälften mit Mayonnaise bestreichen. Je 1 Ananas auf die Unterseiten legen, dann je 1 Burger, 1 Spiegelei, 1–2 Rote-Bete-Scheiben, Salat und Tomate darübergeben. Mit den oberen Brötchen-hälften belegen und sofort servieren.

Kalifornischer Puten-Burger

Stars aus aller Welt

Zutaten für 4 Personen

- 450 g Putenhackfleisch
- 1 EL Salz
- 1 Avocado
- Saft von ½ Zitrone
- 2 EL Olivenöl
- 4 Vollkorn-Hamburgerbrötchen, halbiert
- Tomatenscheiben
- 120 g Bohnensprossen

So geht's

Den Holzkohlegrill für mittlere Hitze vorbereiten. Das Hackfleisch in eine große Schüssel geben und sorgfältig mit dem Salz vermischen.

Die Mischung in 4 gleich große Portionen teilen und zu je 1 Patty formen. 15 Minuten in den Kühlschrank stellen.

Inzwischen die Avocado entkernen, schälen und in Scheiben schneiden. Mit dem Zitronensaft beträufeln, damit sie nicht braun wird. Beiseitestellen.

Die Pattys von beiden Seiten mit dem Öl bestreichen, dann auf den Grillrost legen. 4 Minuten grillen, bis sie braun werden und sich leicht vom Rost lösen. Wenden und von der anderen Seite grillen, bis sie gar sind.

Die Burger in die Brötchen setzen, mit Avocadoscheiben, Tomatenscheiben und einer Handvoll Bohnensprossen belegen und sofort servieren.

Mexikanischer Puten-Burger

Stars aus aller Welt

Zutaten für 4 Personen

- 450 g frisches Putenhackfleisch
- 200 g zweifach gegarte Bohnen (Refried Beans)
- 2–4 Knoblauchzehen, zerdrückt
- 1–2 frische Jalapeño-Chilis, entkernt und fein gehackt

- 2 EL Tomatenmark
- 1 EL frisch gehackter Koriander
- Salz und Pfeffer
- 1 EL Sonnenblumenöl
- Baby-Spinatblätter, in Streifen
- 4 Käse-Hamburger-brötchen, halbiert

- Tomatensalsa
- Guacamole (s. S. 200)
- Tortilla-Chips, zum Servieren

So geht's

Das Hackfleisch in eine Schüssel geben, die Bohnen zerdrücken und unter das Hackfleisch kneten.

Knoblauch, Chilis, Tomatenmark, Koriander, Salz und Pfeffer (nach Geschmack) einrühren. Zu 4 gleich großen Pattys formen, abdecken und 1 Stunde in den Kühlschrank stellen.

Den Holzkohlegrill für mittlere Hitze vorbereiten. Wenn der Grill heiß ist, die Pattys mit dem Öl bestreichen und 5–6 Minuten von jeder Seite grillen, bis sie gar sind.

Den Spinat auf die unteren Brötchenhälften verteilen und die Burger darauflegen. Etwas Salsa und Guacamole auf jeden Burger löffeln und mit der oberen Hälfte abdecken. Sofort mit Tortilla-Chips servieren.

Cheeseburger mit grünen Chilis

Stars aus aller Welt

Zutaten für 6 Personen

- 3 große, milde grüne Chilis
- 675 g Rinderhackfleisch
- 1 EL Salz
- 120 g Emmentaler, gerieben, plus 6 Scheiben zum Belegen
- 6 weiche Hamburger-brötchen, halbiert

So geht's

Den Kugelgrill für starke Hitze vorbereiten. Die Chilis auf den Rost legen und unter häufigem Wenden grillen, bis sie rundum schwarz sind. In Alufolie wickeln und 15 Minuten abkühlen lassen. Häuten, die Samen entfernen und fein hacken.

Hackfleisch, Salz, Chilis und Käse in einer großen Schüssel sorgfältig vermengen.

Die Mischung in 6 gleich große Portionen teilen und zu je 1 Patty formen. Die Pattys auf den Rost legen und 4 Minuten grillen. Wenden und jeden Burger mit einer Käsescheibe belegen. Abdecken und 4 Minuten weitergrillen, bis die Burger gar sind und der Käse geschmolzen ist. Die Burger in die Brötchen geben und sofort servieren.

Burger mit Chimichurri

Stars aus aller Welt

Zutaten für 4 Personen

- 450 g Rinderschmorfleisch, entbeint und mindestens 20 % Fettanteil
- 40 g Zwiebel, fein gehackt
- 2 EL frisch gepresster Zitronensaft
- 2 EL fein gehackte frische Petersilie
- 2 EL fein gehackte frische Minze
- 1 Knoblauchzehe, fein gehackt
- 1 TL Paprikapulver oder Chiliflocken
- Salz und Pfeffer
- 50 ml Olivenöl
- 4 weiche Hamburger-brötchen, halbiert
- Avocadoscheiben

So geht's

Den Holzkohlegrill für mittlere bis starke Hitze vorbereiten. Das Fleisch in 2,5 cm große Würfel schneiden, auf einen Teller legen, mit Frisch-haltefolie abdecken und 30 Minuten in den Kühlschrank stellen.

Inzwischen für die Chimichurri-Sauce Zwiebel, Zitronensaft, Petersilie, Minze, Knoblauch, Paprikapulver, Salz und Pfeffer in einer kleinen Schüssel vermengen. Das Öl einrühren und beiseitestellen.

Die Hälfte des Fleisches in einer Küchenmaschine oder einem Stand-mixer mit der Pulsfunktion 15-mal zerkleinern. Mit Salz und Pfeffer würzen und erneut 10- bis 15-mal mit der Pulsfunktion zerkleinern, bis das Fleisch fein gehackt, aber nicht püriert ist. Aus der Küchenmaschine nehmen und das restliche Fleisch ebenso verarbeiten.

Die gesamte Fleischmischung in 4 gleich große Portionen teilen und zu je 1 Patty formen.

Die Pattys auf den Grillrost legen und für medium rare von jeder Seite 3 Minuten, für medium 4 Minuten von jeder Seite grillen.

Die Burger in die Brötchen geben. Mit Avocadoscheiben belegen und mit ein paar Löffeln Sauce sofort servieren.

Mini-Burger

Stars aus aller Welt

Zutaten für 12 Stück

- 450 g frisches Rinder-
  hackfleisch
- 1 TL Salz
- ½ TL Pfeffer
- 1–2 TL Butter
- 80 g Emmentaler,

in 12 quadratische
Scheiben geschnitten
(5 cm Seitenlänge)
- 12 Mini-Hamburger-
  brötchen, halbiert

So geht's

Fleisch, Salz und Pfeffer in einer mittelgroßen Schüssel vermengen. Die Mischung in 12 gleich große Portionen teilen und zu je 1 Patty formen.

Eine Grillpfanne auf mittlerer Stufe erhitzen. So viel Butter zugeben, dass der Boden vollständig bedeckt ist. Die Pattys hineingeben und 3 Minuten braten, bis sie braun sind. Wenden und den Käse auflegen. 2–3 Minuten weiterbraten, bis sie braun sind und der gewünschte Gargrad erreicht ist.

Die Burger in die Brötchen geben und sofort servieren.

Jamaikanischer Hähnchen-Burger

Stars aus aller Welt

Zutaten für 4 Personen

- 1 TL Rohrzucker
- 1 TL gemahlener Ingwer
- ½ TL gemahlener Piment
- ½ TL getrockneter Thymian
- ½–1 TL Cayennepfeffer oder frisch gehackter Jalapeño-Chili
- 1 EL Limettensaft
- 2 Knoblauchzehen, fein gehackt
- Salz und Pfeffer
- 450 g frisches Hähnchenhackfleisch
- 1 EL Pflanzenöl
- 1 rote oder gelbe Paprika, geviertelt
- 1 EL Olivenöl
- 1 EL Rotweinessig
- 4 Zwiebel-Hamburgerbrötchen, halbiert
- Salatblätter

So geht's

Zucker, Ingwer, Piment, Thymian, Cayennepfeffer, Limettensaft, Knoblauch, ½ TL Salz und ½ TL Pfeffer in einer großen Schüssel vermischen. Das Fleisch damit vermengen. Die Mischung in 4 gleich große Portionen teilen und zu je 1 Patty formen.

Eine Grillpfanne auf hoher Stufe erhitzen und das Pflanzenöl hineingeben. Die Paprika 5 Minuten unter häufigem Wenden darin braten, bis sie schwarz wird. In eine Schüssel geben, mit Frischhaltefolie abdecken und 5 Minuten ruhen lassen. Die Paprika häuten und das Fruchtfleisch in Streifen schneiden. Olivenöl, Essig, Salz und Pfeffer zugeben.

Die Pattys in der abgedeckten Pfanne 5 Minuten von jeder Seite braten, bis sie braun und gar sind. Die Burger in die Brötchen legen und mit Salat und Paprika bedecken. Sofort servieren.

Marokkanischer Lamm-Burger

Stars aus aller Welt

Zutaten für 4 Personen

- 550 g frisches Lammhackfleisch
- 1 Zwiebel, gerieben
- 1 TL Harissa
- 1 Knoblauchzehe, zerdrückt
- 2 EL fein gehackte frische Minze
- ½ TL Kreuzkümmelsamen, zerstoßen
- ½ TL Paprikapulver
- Salz und Pfeffer
- ½ EL Öl, zum Bestreichen
- 4 Pita-Brote, erwärmt und geöffnet
- rote Zwiebelringe
- in Streifen geschnittene Salatblätter

Gurken-Joghurt-Sauce
- ½ Salatgurke
- Salz
- 4 EL Naturjoghurt
- 6 EL frisch gehackte Minze

So geht's

Für die Sauce die Gurke schälen, längs vierteln und die Samen herauslöffeln. Das Fleisch hacken und in ein Sieb geben, das über einer Schüssel liegt. Mit Salz bestreuen, einen Teller darauflegen und diesen mit Konservendosen beschweren. 30 Minuten abtropfen lassen, dann die Gurkenstückchen mit den restlichen Saucenzutaten vermengen.

Lammfleisch, Zwiebel, Harissa, Knoblauch, Minze, Kreuzkümmel und Paprikapulver in einer Schüssel vermengen. Salz und Pfeffer zugeben und mit einer Gabel vermengen. Die Mischung in 4 gleich große Portionen teilen und zu je 1 Patty von 2,5 cm Dicke formen. Abdecken und bei Raumtemperatur 30 Minuten ziehen lassen.

Den Holzkohlegrill anheizen. Die Pattys leicht einölen. Den Grillrost einfetten. 5–6 Minuten von jeder Seite über heißen Kohlen grillen, bis die Burger gar sind.

Die Burger in die warmen Pita-Brote geben, mit roten Zwiebelringen und Salatblättern belegen, einen Löffel Sauce hinzufügen und sofort servieren.

Cajun-Schweinefleisch-Burger

Stars aus aller Welt

Zutaten für 4 –6 Personen

- 250 g Süßkartoffeln, in Stücke geschnitten
- 450 g Schweinemett
- 1 Apfel, geschält, entkernt und gerieben
- 2 EL Cajun-Gewürzmischung
- 450 g Zwiebeln
- 1 EL frisch gehackter Koriander
- Salz und Pfeffer
- 2 EL Sonnenblumenöl
- 8–12 Scheiben Speck

So geht's

Die Süßkartoffel in leicht gesalzenem Wasser 15–20 Minuten köcheln, bis sie gar ist. Zur Probe mit einer Gabel hineinstechen. Abgießen, zerdrücken und beiseitestellen.

Fleisch, Süßkartoffel, Apfel und Cajun-Gewürzmischung in eine Schüssel geben. 1 Zwiebel schälen, in die Mischung reiben und Koriander, Salz und Pfeffer zugeben. Gut vermengen. Die Mischung in 6 gleich große Portionen teilen und zu je 1 Patty formen. Abdecken und für 1 Stunde in den Kühlschrank stellen.

Die restlichen Zwiebeln schälen und in Ringe schneiden. 1 Esslöffel Öl in einer Pfanne erhitzen. Die Zwiebelringe hineingeben und bei niedriger Hitze 10–12 Minuten dünsten, bis sie weich sind. Aus der Pfanne nehmen und beiseitestellen. Jedes Patty wie auf dem Bild rechts in 2 Scheiben Speck wickeln.

Den Holzkohlegrill anheizen. Die Pattys mit dem restlichen Öl einfetten und über heißen Kohlen 4–5 Minuten von jeder Seite grillen, bis sie gar sind. Alternativ in einer Grillpfanne oder unter dem heißen Backofengrill garen. Sofort mit den gebratenen Zwiebeln servieren.

Zutaten für 4 Personen

- 1 kg Schweinemett
- 3 EL Teriyaki-Sauce, plus etwas mehr zum Bestreichen
- 4 Scheiben Ananas aus der Dose
- Zwiebelringe
- Pflanzenöl, zum Bestreichen
- 4 weiche Hamburger-brötchen, halbiert
- Salatblätter

So geht's

Das Hackfleisch in eine große Schüssel geben und mit der Teriyaki-Sauce würzen. Vorsichtig verrühren. Die Mischung in 4 gleich große Portionen teilen und zu Pattys formen.

Ananas und Zwiebelringe leicht mit Öl bestreichen. 1 Esslöffel Öl in einer Grillpfanne erhitzen und Pattys, Zwiebelringe und Ananas hineingeben. Zwiebelringe und Ananas von jeder Seite 3–4 Minuten braten, bis sie weich sind und Farbe bekommen. Die Pattys von jeder Seite 4 Minuten braten, bis sie braun sind und das Fleisch gar ist.

Beide Brötchenhälften mit Teriyaki-Sauce bestreichen. Burger, Ananas, Zwiebelringe und Salat in die Brötchen legen und sofort servieren.

Kimchi-Burger

Stars aus aller Welt

Zutaten für 6 Personen

- 450 g frisches Rinderhackfleisch
- 250 g frisches Schweinemett
- 1 EL fein geriebene frische Ingwerwurzel
- 1 EL Sojasauce
- 10 Frühlingszwiebeln
- 1 EL Pflanzenöl
- 6 Sesam-Hamburgerbrötchen
- 200 g Kimchi

So geht's

Den Holzkohlegrill für starke Hitze vorbereiten. Rindfleisch, Schweinefleisch, Ingwer und Sojasauce in einer großen Schüssel vermengen. Frühlingszwiebeln fein hacken und unter das Fleisch heben. Die Mischung in 6 gleich große Portionen teilen und zu je 1 Patty formen. Abdecken und in den Kühlschrank stellen.

Inzwischen die restlichen Frühlingszwiebeln in 10 cm lange Stücke schneiden und mit dem Öl bestreichen. Auf den Grillrost legen und 5 Minuten garen, bis sie weich und braun sind. Beiseitelegen.

Die Pattys auf den Grillrost legen und von jeder Seite 4 Minuten grillen, bis sie Streifen haben und gar sind.

Die Burger in die Brötchen legen. Frühlingszwiebeln und Kimchi gleichmäßig darauf verteilen und sofort servieren.

Lamm-Burger mit Sesamsauce

Zutaten für 6 Personen

- 450 g frisches Lammhackfleisch
- 3 EL fein gehackte rote Zwiebeln
- 1 EL frisch gehackter Koriander, plus einige Blätter zum Garnieren
- Salz und Pfeffer
- ½ EL gemahlener Kreuzkümmel
- 90 g Sesampaste (Tahini)
- 90 g Naturjoghurt
- 1 Knoblauchzehe, fein gehackt
- 3 große Pita-Brote, erwärmt und zu einer Tasche aufgeschnitten
- Tomatenscheiben
- Gurkenscheiben
- Olivenöl, zum Beträufeln

So geht's

Den Backofengrill auf hoher Stufe vorheizen. Das Lammfleisch in eine mittelgroße Schüssel geben und mit Zwiebeln, Koriander, 1 Teelöffel Salz, ½ Teelöffel Pfeffer und Kreuzkümmel vermengen. Die Mischung in 6 gleich große Portionen teilen und zu je 1 Patty von 7,5 cm Ø formen. In eine mit Öl bestrichene, ofenfeste Grillpfanne geben.

Die Pfanne unter den vorgeheizten Grill stellen und die Pattys von jeder Seite 5–7 Minuten grillen, bis sie gar und braun sind.

Sesampaste, Joghurt und Knoblauch in eine Schüssel geben und mit Salz und Pfeffer vermischen. Die Burger in die Pita-Brote geben und mit Sesamsauce beträufeln. Tomaten- und Gurkenscheiben sowie Korianderblätter dazugeben, mit dem Öl beträufeln und sofort servieren.

Chili-Burger mit Pak Choi

Stars aus aller Welt

Zutaten für 4 Personen

- 1 großes Bund Koriander
- 1 Knoblauchzehe
- 250 g frisches Rinder-hackfleisch
- 250 g Schweinemett

- 2 EL rote Chilisauce
- 2 EL frisch geriebene Ingwerwurzel
- 2 EL Sojasauce
- 2 kleine Pak Choi

- 2 EL Pflanzenöl
- 4 Sesam-Hamburger-brötchen, halbiert

So geht's

Die Hälfte der Korianderblätter hacken und den Knoblauch fein hacken.

Rindfleisch, Schweinefleisch, Chilisauce, Ingwer, Sojasauce, Knoblauch und gehackten Koriander in einer großen Schüssel vermengen. Die Mischung in 4 gleich große Portionen teilen und zu je 1 Patty von 1–2 cm Dicke formen. Abdecken und in den Kühlschrank stellen.

Den Pak Choi grob hacken und die dicken Enden wegwerfen. Eine große Pfanne auf hoher Stufe erhitzen, das Öl zugeben und auf dem Boden verteilen. Den Pak Choi hineingeben und unter häufigem Rühren braten, bis er zusammenfällt. Beiseitestellen.

Die Pattys in die Pfanne geben und 4 Minuten braten, bis sie braun sind. Wenden und von der anderen Seite 4 Minuten braten, bis sie gar und auf beiden Seiten braun sind.

Die Burger in die Brötchen legen. Jeden Burger mit dem gebratenen Pak Choi und den restlichen Korianderblättern garnieren und sofort servieren.

Lamm-Burger mit Feta

Stars aus aller Welt

Zutaten für 4–6 Personen

- 500 g Lammhackfleisch
- 250 g Feta, zerkrümelt
- 2 Knoblauchzehen, zerdrückt
- 6 Frühlingszwiebeln, fein gehackt
- 80 g Backpflaumen, gehackt
- 25 g geröstete Pinienkerne
- 50 g frische Vollkorn-semmelbrösel
- 1 EL frisch gehackter Rosmarin
- Salz und Pfeffer
- 1 EL Sonnenblumenöl
- 4–6 Hamburger-brötchen, halbiert

So geht's

Hackfleisch, Feta, Knoblauch, Frühlingszwiebeln, Backpflaumen, Pinien-kerne, Semmelbrösel, Rosmarin, Salz und Pfeffer in eine Schüssel geben und sorgfältig vermengen.

Aus der Masse 4–6 flache Pattys formen. Auf einen großen Teller legen, abdecken und 30 Minuten im Kühlschrank ziehen lassen.

Den Holzkohlegrill für starke Hitze vorbereiten. Wenn der Grill heiß ist, die Pattys mit dem Öl bestreichen und über starker Glut 4 Minuten von jeder Seite grillen. Zwischen die Brötchenhälften legen und sofort ser-vieren.

Vietnamesischer Burger

Stars aus aller Welt

Zutaten für 4 Personen

- 450 g frisches Schweinemett
- 1 Knoblauchzehe, fein gehackt
- 1 EL thailändische Fischsauce
- 1 EL chinesisches Fünf-Gewürze-Pulver
- ½ EL Zucker
- ¼ EL Pfeffer

- 4 Brötchen, halbiert
- 50 ml Mayonnaise
- lange, dünne Gurken- scheiben
- 1 frischer Jalapeño-Chili, in dünne Ringe geschnitten
- 1 Handvoll frische Korianderblätter
- Sojasauce oder Chilisauce

Süßsaures Gemüse
- 150 g Karotten, in feine Streifen geschnitten
- 200 g Rettich, in feine Streifen geschnitten
- 1 EL Salz
- 1 EL Zucker
- 175 ml heller Essig
- 175 ml Wasser

So geht's

Für das süßsaure Gemüse Karotten und Rettich in eine mittelgroße Schüssel geben und mit Salz und Zucker bestreuen. Essig und Wasser zugeben und mindestens 30 Minuten oder über Nacht marinieren.

Mett, Knoblauch, Fischsauce, Gewürzpulver, Zucker und Pfeffer in einer mittelgroßen Schüssel vorsichtig vermengen. Die Mischung in 4 gleich große Portionen teilen und zu je 1 ovalen Patty formen, das in ein Brötchen passt.

Eine Grillpfanne auf mittlerer Stufe erhitzen und die Pattys von jeder Seite 5 Minuten darin braten, bis sie braun und gar sind.

Die Brötchenhälften mit der Mayonnaise bestreichen und die un- teren Brötchenhälften mit den Burgern belegen. Auf jeden Burger Gurkenscheiben und Chiliringe geben und mit süßsaurem Gemüse und Koriander garnieren. Mit Sojasauce beträufeln, mit den oberen Brötchenhälften garnieren und sofort servieren.

Zutaten für 4 Personen

- 1½ EL Sonnenblumenöl
- 1 frischer roter Chili, entkernt und fein gehackt
- 2,5-cm-Stück frische Ingwerwurzel, gerieben
- 2 Zitronengrasstängel, harte Blätter entfernt und fein gehackt
- 350 g weißes Krebsfleisch aus der Dose, abgetropft und zerpflückt
- 250 g gegarte, geschälte Garnelen, Tiefkühlware aufgetaut und ausgedrückt
- 175 g gekochter thailändischer Reis
- 1 EL frisch gehackter Koriander
- 120 g Bohnensprossen
- 6 Frühlingszwiebeln, fein gehackt
- 1 EL Sojasauce
- 1–2 EL Weizenvollkornmehl

So geht's

Einen Wok oder eine große Pfanne erhitzen und 2 Teelöffel Öl, Chili, Ingwer und Zitronengras bei mittlerer Hitze 1 Minute unter Rühren braten. Den Wok vom Herd nehmen und abkühlen lassen.

Chilimischung, Krebsfleisch, Garnelen, Reis, Koriander, Bohnensprossen, Frühlingszwiebeln und Sojasauce in eine Küchenmaschine oder einen Standmixer geben und grob mixen. Die Mischung zu 4 gleich großen Pattys formen und mit dem Mehl bestäuben. Abdecken und 1 Stunde in den Kühlschrank stellen.

Eine schwere, beschichtete Pfanne erhitzen und das restliche Öl hineingeben. Wenn es heiß ist, die Pattys darin bei mittlerer Hitze 3–4 Minuten von jeder Seite braten, bis sie gar sind. Sofort servieren.

Hähnchen-Burger mit Sesam

Stars aus aller Welt

Zutaten für 4 Personen

- 1 EL Zucker
- 1 EL Sojasauce
- 1 EL thailändische Fischsauce
- 1 EL Zitronengras, fein gehackt
- 2 EL Currypulver
- 1 Knoblauchzehe, fein gehackt
- ½ frischer Serrano-Chili, gehackt oder ½ EL Cayennepfeffer

- 450 g Hähnchen-hackfleisch
- Erdnussöl, zum Bestreichen
- 4 Brötchen, halbiert
- Silberzwiebeln, in feine Scheiben geschnitten

Sesamsauce
- 100 g grobe Erdnussbutter
- 6 EL Kokosmilch
- 2 EL heißes Wasser, plus etwas mehr bei Bedarf

- 1 EL thailändische Fischsauce
- 1 EL Rohrzucker
- 1 EL Sojasauce
- 2 EL Limettensaft
- ¼ frischer Serrano-Chili, gehackt, oder ¼ EL Cayennepfeffer

So geht's

Zucker, Sojasauce, Fischsauce, Zitronengras, Currypulver, Knoblauch und Chili in einer mittelgroßen Schüssel verrühren. Das Fleisch sorgfältig mit der Mischung vermengen. In 4 gleich große Portionen teilen und mit feuchten Händen zu je 1 Patty von 1 cm Dicke formen.

Für die Erdnusssauce alle Zutaten in einer Küchenmaschine oder in einem Standmixer glatt pürieren. Wenn die Mischung zu trocken ist, mehr Wasser zufügen.

Eine Grillpfanne leicht mit Öl bestreichen und auf mittlerer Stufe erhitzen. Die Pattys darin 5 Minuten braten, dann wenden und 5 Minuten weiterbraten, bis die Burger braun und gar sind.

Beide Brötchenhälften mit der Erdnusssauce bestreichen, die Unterseiten mit je 1 Burger belegen und mit Silberzwiebeln garnieren. Mit den Oberseiten der Brötchen servieren.

Zutaten für 4 Personen

- 450 g rohe Garnelen, geschält und entdarmt
- 1 Bund Schnittlauch oder 2 Frühlingszwiebeln
- 1 EL Pflanzenöl
- 4 süße Hamburger-brötchen, halbiert
- 200 g Mais-Relish (s. S. 198)

So geht's

Die Garnelen grob hacken, dann die Hälfte in eine Küchenmaschine oder einen Standmixer geben und zu einer Paste pürieren. Alternativ mit einem Messer sehr fein hacken. Den Schnittlauch hacken und mit gehackten Garnelen und Paste verrühren.

Die Garnelenmischung in 4 gleich große Portionen aufteilen. Jede mit feuchten Händen zu 1 Patty formen. Auf einen Teller legen, abdecken und mindestens 30 Minuten oder über Nacht in den Kühlschrank stellen.

Das Öl in einer großen, beschichteten Pfanne auf mittlerer Stufe er-hitzen und die Pattys vorsichtig in die Pfanne geben. Die Pfanne halb abdecken und die Pattys 6 Minuten braten, bis sie fast gar sind. Vor-sichtig wenden und von der anderen Seite 1 Minute weiterbraten, bis sie rosa und gar sind.

Die Burger in die Brötchen geben, mit Mais-Relish belegen und sofort servieren.

Teriyaki-Burger mit Gemüse

Stars aus aller Welt

Zutaten für 4 Personen

- 450 g Tatar
- 8 Frühlingszwiebeln, grob gehackt
- 2–4 Knoblauchzehen
- 2,5-cm-Stück frisch geriebene Ingwerwurzel
- ½ EL Wasabi oder Meerrettich
- 3 EL Teriyaki-Sauce

- 2 EL Erdnussöl
- 120 g Karotten, gerieben
- 120 g Pak Choi, in Streifen geschnitten
- 50 g Gurke, in feine Stifte geschnitten
- 4 Hamburgerbrötchen, halbiert

- knusprig gebratene Algen, zum Garnieren (nach Belieben)

So geht's

Tatar, Frühlingszwiebeln, Knoblauch, Ingwer, Wasabi und Teriyaki-Sauce in einer Küchenmaschine oder in einem Standmixer mit der Pulsfunktion mixen. Die Mischung zu 4 gleich großen Pattys formen. Abdecken und 30 Minuten in den Kühlschrank stellen.

Eine schwere Pfanne erhitzen und 1 Esslöffel Öl hineingeben. Wenn das Öl heiß genug ist, die Pattys bei mittlerer Hitze von jeder Seite darin 3–5 Minuten braten, bis sie gar sind. Bei Bedarf mehr Öl zugeben. Warm halten.

Das Gemüse auf die 4 unteren Brötchenhälften verteilen und die Burger daraufgeben. Mit Algen garnieren. Die oberen Hälften auflegen und sofort servieren.

Japanischer Burger mit Ponzu

Stars aus aller Welt

Zutaten für 4 Personen

- 450 g Putenhackfleisch
- 2 EL Sesamsaat
- 4 TL Sojasauce, plus etwas mehr zum Servieren
- 1 TL Sesamöl
- 1 TL fein gehackter Knoblauch
- Pfeffer
- 4 EL Mayonnaise
- 2 EL Ponzu-Sauce
- 4 Sesam-Hamburgerbrötchen, halbiert
- 25 g Friséesalatblätter
- Tomatenscheiben

So geht's

Fleisch, Sesam, Sojasauce, Öl, Knoblauch und Pfeffer in einer mittelgroßen Schüssel sorgfältig vermengen. Die Mischung in 4 gleich große Portionen teilen und zu je 1 Patty formen. Die Pattys auf Backpapier legen.

Den Backofengrill auf hoher Stufe vorheizen und den Grillrost unter den Heizstäben einschieben. Die Pattys darauflegen und 5 Minuten grillen. Dann wenden und 5 Minuten weitergrillen, bis sie gar sind.

Mayonnaise und Ponzu in einer kleinen Schüssel verrühren – die Sauce ist recht dünnflüssig. Die Schnittseiten der Brötchen mit der Sauce bestreichen. Dann die Burger auflegen. Mit Salatblättern und Tomatenscheiben garnieren, mit Pfeffer bestreuen und mit Sojasauce beträufeln. Sofort servieren.

Loco Moco

Stars aus aller Welt

Zutaten für 4 Personen

- 300 g Langkornreis
- 1 EL Butter, plus etwas mehr zum Braten
- 1 EL Mehl
- 450 ml Rinderbrühe
- 450 g frisches Rinderhackfleisch
- Salz und Pfeffer
- 4 Eier

So geht's

Den Reis gemäß Packungsangabe zubereiten und warm halten.

Die Butter in einem Topf bei mittlerer Hitze zerlassen. Das Mehl einrühren und 4 Minuten unter Rühren anschwitzen, bis es braun ist. Die Brühe einrühren, aufkochen und 20 Minuten köcheln lassen, sodass die Sauce eindickt. Mit Salz und Pfeffer abschmecken und warm halten.

Inzwischen das Fleisch in eine mittelgroße Schüssel geben und mit Salz und Pfeffer bestreuen. Die Mischung in 4 gleich große Portionen teilen und zu je 1 Patty formen.

Butter zum Braten in eine Pfanne geben und bei mittlerer Hitze zerlassen. Die Pattys von jeder Seite 4 Minuten braten, bis der gewünschte Gargrad erreicht ist. Aus der Pfanne nehmen und warm halten.

Die Eier in die Pfanne aufschlagen und mit Salz und Pfeffer bestreuen. Abdecken und 3 Minuten braten, bis das Eiweiß gestockt ist.

Den Reis auf vier Teller verteilen und jede Portion mit 1 Burger belegen. Je 1 Spiegelei und reichlich Sauce daraufgeben.

Zutaten für 5 Personen

- 8 Shiitake-Pilze, Stiele entfernt
- 450 g Spinatblätter
- 2 EL Sojasauce
- 2 EL Mirin
- 2 EL geröstete Sesamsaat
- 1 EL Salz
- 225 ml lauwarmes Wasser
- 425 g gegarter Rundkornreis, warm gehalten
- 2 EL Sesamöl, zum Braten

So geht's

Den Backofengrill auf höchster Stufe vorheizen. Die Pilze in eine ofenfeste Form geben und von jeder Seite 3 Minuten unter dem Grill garen, bis sie braun und weich sind. In dünne Scheiben schneiden und in eine mittelgroße Schüssel geben.

Wasser in einem großen Topf zum Kochen bringen. Den Spinat darin 1 Minute blanchieren. Abgießen, unter fließend kaltem Wasser abspülen und dann möglichst viel von der Flüssigkeit ausdrücken. Den Spinat zu den Pilzen geben, dann Sojasauce, Mirin und Sesam zugeben und vermengen.

Das Salz im lauwarmen Wasser auflösen. Den Reis in eine große, flache Schüssel geben und in 10 gleich große Portionen aufteilen. Die Hände mit dem Wasser befeuchten und jede Reisportion zu 1 Brötchen formen. Vor jedem Brötchenformen die Hände neu befeuchten. Dann 20 Minuten ruhen lassen.

Eine beschichtete Pfanne, vorzugsweise Grillpfanne, auf mittlerer Stufe erhitzen und den Boden leicht einölen. Die Reisbrötchen hineingeben und von jeder Seite 4 Minuten braten, bis sie braun sind. Dabei vorsichtig wenden.

Die Spinatmischung auf eine Brötchenhälfte geben und mit der oberen Hälfte bedecken. Die Burger in Frischhaltefolie wickeln, damit sie nicht auseinanderfallen. Innerhalb von 2 Stunden servieren.

Indischer Burger mit Raita

Stars aus aller Welt

Zutaten für 6 Personen

- 2 EL Pflanzenöl
- 1 Zwiebel, gehackt
- 450 g Rinderhackfleisch
- 5-cm-Stück frische Ingwerwurzel, fein gehackt
- 2 Knoblauchzehen, fein gehackt
- 1 TL gemahlener Koriander
- 1 TL gemahlener Kreuzkümmel

- 1 TL Salz
- ½ TL Kurkuma
- ½ TL Cayennepfeffer
- ½ TL geriebene Muskatnuss
- 6 dünne Fladenbrote

Joghurtsauce
- 1 kleine Knoblauchzehe, fein gehackt

- ½ TL Garam masala
- ½ TL Salz
- 1 EL Zitronensaft
- 250 g Joghurt

Gurkenwürfel
- 1 kleine Gurke
- ½ TL Salz
- 2 TL Zitronensaft

So geht's

Eine große Pfanne auf hoher Stufe erhitzen und 1 Esslöffel Öl hineingeben. Die Zwiebel zufügen und 10 Minuten unter häufigem Rühren braten, bis sie braun ist. Aus der Pfanne nehmen und beiseitelegen. Das Öl in der Pfanne lassen.

Inzwischen für die Sauce Knoblauch, Garam masala, Salz und Zitronensaft mit dem Joghurt verrühren. Ruhen lassen, damit sich die Aromen verbinden. Für die Gurkenwürfel die Gurke längs halbieren, entkernen und fein hacken. Dann mit Salz und Zitronensaft vermischen. Beiseitestellen und marinieren.

Hackfleisch, Zwiebel, Ingwer, Knoblauch, Koriander, Kreuzkümmel, Salz, Kurkuma, Cayennepfeffer und Muskat in eine große Schüssel geben und sorgfältig vermengen. Die Mischung in 6 gleich große Portionen teilen und zu je 1 ovalen, 15 cm langen Patty formen.

Die Pfanne wieder stark erhitzen und das restliche Öl hineingeben. Die Pattys darin 5 Minuten braten, bis sie braun sind. Wenden und 5 Minuten von der anderen Seite braten, bis sie gar sind.

Jeden Burger auf ein Fladenbrot geben, mit 1 Esslöffel Joghurtsauce beträufeln und mit 1 Portion Gurkenwürfel belegen. Sofort mit der restlichen Joghurtsauce und den Gurkenwürfeln servieren.

Kartoffel-Linsen-Burger

Stars aus aller Welt

Zutaten für 6 Personen

- 100 g grüne Linsen
- 1 Karotte, gewürfelt
- 2 EL Öl, plus etwas mehr zum Braten
- 1 EL braune Senfsamen
- 1 TL gemahlener Koriander
- 1 TL gemahlener Kreuzkümmel
- ½ Zwiebel, fein gehackt

- 1 TL Knoblauch, fein gehackt
- 1 frischer Serrano-Chili, fein gehackt, oder ½ TL Cayennepfeffer
- 50 g Erbsen, Tiefkühlware aufgetaut
- 1 Kartoffel, geschält, gekocht und zerdrückt

- Salz und Pfeffer
- 50 g frische Semmelbrösel
- 6 Vollkornbrötchen, halbiert
- Koriander- oder Mango-Chutney
- Salatblätter

So geht's

Leicht gesalzenes Wasser in einem großen Topf zum Kochen bringen. Die Linsen zufügen, aufkochen, dann die Hitze reduzieren und 15 Minuten köcheln lassen. Die Karotte zufügen und weitere 10 Minuten kochen lassen, bis die Linsen weich sind. Abgießen.

Das Öl in einer Pfanne erhitzen. Senfsamen, Koriander und Kreuzkümmel hineingeben und mit dem Öl überziehen. Zwiebel, Knoblauch und Chili zugeben und 5–8 Minuten unter häufigem Rühren braten, bis die Zwiebel weich ist. Linsen und Karotten einrühren und 5 Minuten köcheln lassen, bis die Flüssigkeit verdampft ist. Erbsen und Kartoffeln einrühren und mit Salz und Pfeffer abschmecken.

Die Semmelbrösel auf einen tiefen Teller geben. Die Linsenmischung in 6 gleich große Portionen teilen und zu je 1 Patty formen. Jedes Patty in den Semmelbröseln wenden.

Eine große Pfanne auf mittlerer Stufe erhitzen und mit Öl bestreichen. Die Pattys hineingeben und auf jeder Seite 5 Minuten braten, vorsichtig wenden und weiterbraten, bis sie braun sind.

Die Burger zwischen die Brötchen geben, mit Chutney und Salatblättern belegen und sofort servieren.

Beste Nebenrollen

Hamburgerbrötchen

Beste Nebenrollen

Zutaten für 8 Stück

- 450 g Weizenmehl Type 550, plus etwas mehr zum Bestäuben
- 1½ TL Salz
- 2 TL Zucker
- 1 TL Trockenhefe
- 150 ml lauwarmes Wasser
- 150 ml lauwarme Milch
- Pflanzenöl, zum Bestreichen
- 2–3 EL Sesamsaat

So geht's

Mehl und Salz in eine Schüssel sieben und Zucker und Hefe einrühren. In die Mitte eine Mulde drücken und Wasser und Milch hineingießen. Mit einem Holzlöffel rühren, bis sich alles zu einem Teig verbindet, dann mit den Händen kneten, bis der Teig sich vom Schüsselrand löst. Auf die bemehlte Arbeitsfläche geben und 10 Minuten durchkneten, bis der Teig weich und elastisch ist.

Eine Schüssel mit Öl bestreichen. Den Teig zu einer Kugel formen, in die Schüssel legen und diese mit einem feuchten Küchentuch abdecken. An einem warmen Ort 1 Stunde gehen lassen, bis das Teigvolumen sich verdoppelt hat.

Zwei Backbleche mit Backpapier auslegen. Den Teig auf die bemehlte Arbeitsfläche legen, kurz durchkneten und in 8 gleich große Portionen aufteilen. Jede zu einer Kugel formen und auf die Backbleche geben. Mit der bemehlten Hand leicht flach drücken. Die Brötchen mit einem feuchten Küchentuch abdecken und an einem warmen Ort 30 Minuten gehen lassen.

Den Backofen auf 200 °C vorheizen. Die Mitte jedes Brötchens leicht eindrücken, um Luftblasen herauszudrücken. Die Brötchen mit Öl bestreichen und mit dem Sesam bestreuen. 15–20 Minuten backen, bis sie hellbraun sind. Zum Abkühlen auf ein Kuchengitter legen.

Aioli

Beste Nebenrollen

Zutaten für 4 Personen

- 3 große Knoblauchzehen, fein gehackt
- 2 Eigelb
- 225 ml natives Olivenöl extra

- 1 EL Zitronensaft
- 1 EL Limettensaft
- 1 EL Dijon-Senf
- 1 EL frisch gehackter Estragon

- Salz und Pfeffer
- frische Estragonblätter, zum Garnieren

So geht's

Alle Zutaten müssen Raumtemperatur haben. Knoblauch und Eigelb in eine Küchenmaschine geben und glatt pürieren. Bei laufendem Motor das Öl teelöffelweise zur Mischung geben, bis die Mischung eindickt. Dann das restliche Öl in einem dünnen Strahl zugießen, bis sich eine dicke Mayonnaise bildet.

Zitronensaft, Limettensaft, Senf und Estragon zugeben und nach Geschmack salzen und pfeffern. So lange rühren, bis die Mayonnaise glatt ist, dann in eine nicht metallene Schüssel geben. Mit Estragonblättern garnieren.

Mit Frischhaltefolie abdecken und bis zum Verzehr in den Kühlschrank stellen.

Barbecuesauce

Beste Nebenrollen

Zutaten für 225 ml

- 1 EL Olivenöl
- 1 kleine Zwiebel, fein gehackt
- 2–3 Knoblauchzehen, zerdrückt
- 1 frischer roter Jalapeño-Chili, entkernt und fein gehackt (nach Belieben)
- 2 TL Tomatenmark
- 1 TL Senfpulver, oder nach Geschmack
- 1 EL Rotweinessig
- 1 EL Worcestersauce
- 2–3 TL Rohrzucker
- 300 ml Wasser

So geht's

Das Öl in einem kleinen Topf erhitzen und Zwiebel, Knoblauch und Chili hineingeben. Bei niedriger Hitze 3 Minuten dünsten und regelmäßig umrühren, bis die Zutaten weich werden. Vom Herd nehmen.

Das Tomatenmark mit Senf, Essig und Worcestersauce zu einer Paste verrühren und anschließend mit 2 Teelöffeln Zucker unter die Zwiebelmischung mengen. Sorgfältig vermischen und nach und nach das Wasser einarbeiten.

Den Topf wieder auf den Herd stellen und unter Rühren aufkochen. Die Hitzezufuhr verringern und 15 Minuten unter gelegentlichem Rühren köcheln lassen. Abschmecken und, falls gewünscht, den restlichen Zucker zufügen. Heiß oder kalt servieren.

Schnell eingelegte Zwiebeln

Beste Nebenrollen

Zutaten für ca. 150 g

- 250 ml heller Essig
- 100 g Zucker
- 1 EL Chipotle-Pulver (nach Geschmack)
- Salz
- 2 mittelgroße rote Zwiebeln, in Ringe geschnitten

So geht's

Essig, Zucker, Chipotle-Pulver und Salz in einer mittelgroßen Schüssel verrühren, bis der Zucker aufgelöst ist.

Die Zwiebelringe in einen reißfesten verschließbaren Gefrierbeutel geben und die Marinade zugießen. Gut vermengen. Verschließen und 30 Minuten in den Kühlschrank legen. Dabei die Mischung immer wieder durchkneten, damit sich die Marinade gut verteilt. Vor dem Servieren abgießen.

Röstzwiebeln

Beste Nebenrollen

Zutaten für 4–6 Personen

- 1–2 EL Pflanzenöl oder Olivenöl
- ½ rote Zwiebel, in Ringen
- ½ EL fein gehackter frischer Rosmarin, Thymian oder Oregano (nach Belieben)
- Salz und Pfeffer
- ½ EL Rotweinessig

So geht's

So viel Öl in eine große Pfanne geben, dass der Boden gerade bedeckt ist. Die Pfanne auf mittlerer Stufe erhitzen. Wenn das Öl heiß ist, die Zwiebelringe zugeben und auf einer Seite 3 Minuten braun braten. Die Kräuter, falls verwendet, zufügen und umrühren. Die Zwiebeln unter ständigem Rühren 12 Minuten weiterbraten, bis sie schön braun sind.

Mit Salz und Pfeffer abschmecken. Den Essig zugeben und 8–10 Minuten weiterbraten, bis die Zwiebeln weich sind.

Sofort servieren oder abkühlen lassen und im Kühlschrank bis zu 3 Tage lagern.

Knusprige Zwiebelringe

Beste Nebenrollen

Zutaten für 4–6 Personen

- 120 g Mehl
- 1 Prise Salz
- 1 Ei
- 150 ml fettarme Milch

- 4 große Zwiebeln
- Pflanzenöl, zum Frittieren
- Salz und Pfeffer

- Salatblätter, zum Servieren

So geht's

Für den Teig Mehl und Salz in eine Schüssel sieben und eine Mulde in die Mitte drücken. Das Ei in die Vertiefung geben und mit dem Schneebesen etwas Mehl einarbeiten. Nach und nach die Milch unterrühren, dabei das Mehl vom Rand der Schüssel in die flüssigen Zutaten in der Mitte einarbeiten, um einen glatten Teig zu erhalten.

Die Zwiebeln schälen, in 5 mm dicke Scheiben schneiden und anschließend aus den Scheiben einzelne Ringe drücken.

In einer Fritteuse oder einem Topf eine ausreichende Menge Öl auf 180–190 °C erhitzen; ein Brotwürfel sollte darin innerhalb von 30 Sekunden braun werden.

Mit einer Gabel mehrere Zwiebelringe auf einmal aufnehmen und in den Teig tauchen. Überflüssigen Teig abtropfen lassen und die Zwiebelringe vorsichtig in das heiße Öl legen. 1–2 Minuten frittieren, bis sie an der Oberfläche des Öls schwimmen und knusprig und goldbraun sind. Aus dem Öl heben, auf Küchenpapier abtropfen lassen und warm stellen. Die restlichen Zwiebelringe ebenso zubereiten.

Die Zwiebelringe salzen und pfeffern und sofort auf einem Salatbett servieren.

Zutaten für 4 Personen

- 700 g große Kartoffeln
- Pflanzenöl,
  zum Frittieren
- Salz

So geht's

Die Kartoffeln in 8 cm lange fingerdicke Stifte schneiden. Die Kartoffelstifte 30 Minuten in eine Schüssel mit kaltem Wasser legen, um die
Stärke auf den Schnittflächen zu entfernen.

Abgießen, abspülen und mit einem Küchentuch trocken tupfen. In einem
großen Topf oder einer Fritteuse das Öl auf 180–190 °C erhitzen. Ein
Brotwürfel sollte in 30 Sekunden darin braun werden. Die Kartoffelstifte
vorsichtig portionsweise in das Öl legen und 5–6 Minuten frittieren, bis
sie beginnen, braun zu werden. Dann aus dem Öl heben und auf einem
Teller mit Küchenpapier abtropfen lassen. Mindestens 5 Minuten abkühlen lassen. Alle Kartoffelstifte auf diese Weise frittieren, dabei
darauf achten, dass die Temperatur des Öls immer konstant bleibt.

Das Öl wieder auf 180–190 °C erhitzen und die Kartoffeln erneut
2–3 Minuten frittieren, bis sie goldbraun und knusprig sind. Herausheben und auf einem Teller mit Küchenpapier abtropfen lassen. Großzügig mit Salz würzen und sofort servieren.

Tomatenketchup

Beste Nebenrollen

Zutaten für 250 ml

- 2 EL Olivenöl
- 1 rote Zwiebel, gehackt
- 2 Knoblauchzehen, gehackt
- 250 g Eiertomaten, gehackt
- 250 g gehackte Tomaten aus der Dose
- ½ TL Ingwerpulver
- ½ TL Chilipulver
- Salz und Pfeffer
- 40 g Rohrzucker
- 100 ml Rotweinessig

So geht's

Das Olivenöl in einem Topf erhitzen und Zwiebel, Knoblauch und Tomaten hineingeben. Ingwer und Chili zufügen und mit Salz und Pfeffer würzen. 15 Minuten kochen, bis alles weich ist.

Anschließend die Mischung in die Küchenmaschine geben oder mit einem Stabmixer pürieren und danach durch ein Sieb passieren. Die Mischung in den Topf füllen und Zucker und Essig zugeben. Aufkochen und anschließend köcheln lassen, bis die Konsistenz von Ketchup erreicht ist.

In sterilisierte Gläser füllen und abkühlen lassen, dann luftdicht verschließen. Kühl und dunkel aufbewahren. Angebrochene Gläser im Kühlschrank aufbewahren.

Mayonnaise

Beste Nebenrollen

Zutaten für 350 ml

- 2 große Eigelb
- 2 TL Dijon-Senf
- ¾ TL Salz, oder nach Geschmack
- weißer Pfeffer
- 2–3 EL Zitronensaft
- 300 ml Sonnenblumenöl

So geht's

Das Eigelb mit Dijon-Senf, Salz und Pfeffer in der Küchenmaschine oder mit dem elektrischen Handrührgerät verquirlen. Dann 2 Esslöffel Zitronensaft zufügen und erneut verquirlen.

Während die Maschine läuft, tropfenweise das Öl zufügen. Wenn die Mischung beginnt anzudicken, kann das Öl in einem feinen und beständigen Strahl zugegossen werden. Falls die Mayonnaise zu dick wird, einen weiteren Esslöffel Zitronensaft zufügen.

In ein sterilisiertes Glas füllen, luftdicht verschließen und in den Kühlschrank stellen. Die Mayonnaise sollte baldmöglichst verzehrt werden. Einmal geöffnet, sollte sie im Kühlschrank aufbewahrt und innerhalb von 3 Tagen verbraucht werden.

Zutaten für 175 ml

- 3 EL braune Senfkörner
- 3 EL Apfelessig
- 1–2 EL Wasser
- 3 EL Senfpulver
- 2 TL Salz
- 2 TL Honig

So geht's

Die Senfkörner mit dem Essig in einen kleinen, nicht metallenen Behälter geben und mit Wasser bedecken. 2 Tage zugedeckt bei Zimmertemperatur ruhen lassen.

Die Senfkörner abseihen und die Flüssigkeit auffangen. Die Senfkörner in einem Mörser zu einer groben Paste zerdrücken – je feiner die Paste wird, umso schärfer wird der Senf.

Die zerdrückten Senfkörner in eine kleine Schüssel geben, Senfpulver, Salz und Honig zufügen. Das aufgefangene Essigwasser zugießen und gut verrühren.

In ein sterilisiertes Glas füllen, luftdicht verschließen und mindestens 2 Tage in den Kühlschrank stellen, bevor der Senf verzehrt wird. Nachdem er geöffnet wurde, sollte er immer im Kühlschrank aufbewahrt und innerhalb von 2 Wochen aufgebraucht werden.

Zutaten für 275 ml Ketchup und 125 g Senf

- 250 ml fertiger Ketchup (s. S. 178)
- ½ EL Worcestersauce
- ½ EL Rohrzucker
- 1 EL Zitronensaft (nach Geschmack)
- 1½ EL Chipotle-Pulver (nach Geschmack)
- 1 EL gemahlener Kreuzkümmel
- ½ EL gemahlene Kurkuma
- ¼ EL gemahlener Ingwer
- Salz

Chipotle-Senf
- 125 g Dijon-Senf
- 1 EL Chipotle-Pulver (nach Geschmack)

So geht's

Für den Ketchup alle Zutaten mit Salz nach Geschmack in einen kleinen Topf geben und auf mittlerer Stufe erhitzen. Unter häufigem Rühren 5 Minuten köcheln lassen, bis der Ketchup etwas eindickt. Vom Herd nehmen und abkühlen lassen. In sterilisierte Gläser füllen, abdecken und bis zum Gebrauch kühl lagern.

Für den Chipotle-Senf die Zutaten in einer kleinen Schüssel verrühren. In sterilisierte Gläser füllen, abdecken und bis zum Gebrauch kühl lagern.

Remoulade

Beste Nebenrollen

Zutaten für 250 ml

- 2 Cornichons
- 1 Frühlingszwiebel
- 1 EL Kapern
- 1 Handvoll glatte Petersilienblätter
- 175 ml Mayonnaise (s. S. 180)
- 1 EL Zitronensaft
- Salz und Pfeffer

So geht's

Cornichons, Frühlingszwiebeln, Kapern und Petersilie fein hacken. In eine kleine Schüssel geben und mit der Mayonnaise vermengen.

Den Zitronensaft einrühren, dann mit Salz und Pfeffer abschmecken. Abdecken und mindestens 30 Minuten in den Kühlschrank stellen. Innerhalb von 2 Tagen aufbrauchen.

Cremiger Kartoffelsalat

Beste Nebenrollen

Zutaten für 8 Personen

- 1,25 kg festkochende Kartoffeln
- 125 ml Mayonnaise
- 50 g saure Sahne
- 90 ml Weißweinessig
- 1 EL körniger Senf
- ½ EL getrockneter Dill
- Salz und Pfeffer
- 75 g rote Zwiebel, fein gehackt
- 30 g Sellerie, fein gehackt
- 50 g Cornichons, gehackt
- 40 g geröstete Paprika aus dem Glas, gehackt
- 2 hart gekochte Eier, gehackt (nach Belieben)

So geht's

Die ungeschälten Kartoffeln in einen mittelgroßen Topf geben und knapp mit Wasser bedecken. Salz zufügen, bei hoher Hitze zum Kochen bringen, dann die Hitze reduzieren und 20–30 Minuten köcheln lassen, bis die Kartoffeln weich sind.

Mayonnaise, saure Sahne, Essig, Senf, Dill, Salz und Pfeffer in einer Schüssel vermischen.

Die Kartoffeln abgießen und abkühlen lassen. Dann pellen und in 1-cm-Würfel schneiden. Noch warm mit dem Dressing begießen. Zwiebel, Sellerie, Cornichons, Paprika und Eier unterheben. Abdecken und mindestens 2 Stunden oder über Nacht in den Kühlschrank stellen.

Nudelsalat

Beste Nebenrollen

Zutaten für 6–8 Personen

- 250 g Makkaroni
- 50 ml Mayonnaise, plus etwas mehr bei Bedarf
- 50 g Naturjoghurt
- 1 EL Zitronensaft
- ½ EL Knoblauchsalz
- ½ EL Pfeffer
- 40 g Sellerie, gewürfelt
- 40 g Frühlingszwiebeln, fein gehackt
- 40 g entsteinte schwarze Oliven, fein gehackt
- 50 g Tomaten, fein gehackt
- Salz und Pfeffer
- 2 EL frisch gehackte glatte Petersilie

So geht's

Leicht gesalzenes Wasser in einem mittelgroßen Topf zum Kochen bringen, die Nudeln hineingeben und gemäß Packungsangabe garen. Abgießen.

Inzwischen Mayonnaise, Joghurt, Zitronensaft, Knoblauchsalz und Pfeffer in einer großen Schüssel verrühren. Die heißen Nudeln einrühren, dann Sellerie, Frühlingszwiebeln, Oliven, Tomaten und Petersilie unterheben. Mit Salz und Pfeffer abschmecken und mehr Mayonnaise zugeben, falls der Salat zu trocken ist. Dann vollständig abkühlen lassen.

Mit Frischhaltefolie abdecken und mindestens 2 Stunden in den Kühlschrank stellen. Kalt servieren. Der Salat hält sich im Kühlschrank bis zu 3 Tage.

Krautsalat

Beste Nebenrollen

Zutaten für 10–12 Personen

- 150 ml Mayonnaise (s. S. 180)
- 150 g Naturjoghurt
- 1 Spritzer Tabasco
- Salz und Pfeffer
- 1 Weißkohl
- 4 Karotten
- 1 grüne Paprika

So geht's

Mayonnaise, Joghurt, Tabasco, Salz und Pfeffer in einer kleinen Schüssel verrühren. Bis zur weiteren Verwendung in den Kühlschrank stellen.

Den Weißkohl vierteln und den harten Strunk entfernen. Den Kohl fein hobeln und unter fließend kaltem Wasser waschen. Auf Küchenpapier geben und sorgfältig trocken tupfen. Die Karotten schälen und mit einer Reibe oder in der Küchenmaschine zerkleinern. Die Paprika vierteln und entkernen und in feine Streifen schneiden.

Alle Gemüsesorten in einer großen Schüssel vermengen. Das Dressing darübergießen und unter das Gemüse mischen. Abdecken und bis zum Verzehr im Kühlschrank aufbewahren.

Zutaten für 950 g

- 4 Salatgurken
- 350 ml Apfelessig
- 1 EL Senfsamen
- 1 EL Koriandersamen
- 50 g Zucker
- 2 EL Salz
- 1 grüne Paprika, gehackt
- 1 kleine weiße Zwiebel, gehackt

So geht's

Die Enden der Gurken abschneiden und die Gurken der Länge nach vierteln. Die Kerne herauslöffeln und das Fruchtfleisch in kleine Stücke schneiden.

Den Essig in einem großen Topf zum Kochen bringen. Die Gurken darin 4 Minuten unter häufigem Rühren kochen, bis sie gerade beginnen, die Farbe zu verlieren. Sie sollten noch Biss haben.

Die Gurkenstücke mit einem Schaumlöffel aus dem Essig heben und in eine große Schüssel geben. Senf- und Koriandersamen in dem Topf mit Essig erneut aufkochen. Zucker und Salz einrühren, die Hitze reduzieren und köcheln lassen, bis die Mischung auf etwa 125 ml eingekocht ist.

Paprika und Zwiebel mit den gekochten Gurkenstücken vermischen. Den Essig über das Gemüse geben und verrühren. In sterilisierte Gläser füllen. Abdecken und abkühlen lassen, dann in den Kühlschrank stellen. 1 Stunde vor dem Servieren aus dem Kühlschrank nehmen.

Tomaten-Relish mit Zwiebeln

Beste Nebenrollen

Zutaten für 4 Personen

Ofengetrocknete Tomaten
- 8 vollreife Tomaten, geschält
- 1–2 TL natives Olivenöl extra
- Salz und Pfeffer

Sauce
- 1 EL natives Olivenöl extra
- 2 große rote Zwiebeln, in feine Scheiben geschnitten
- 50 g Rucola oder Baby-Spinatblätter

So geht's

Für die ofengetrockneten Tomaten den Backofen auf 150 °C vorheizen. Die Tomaten halbieren und die Hälften in einen großen Bräter legen. Mit dem Olivenöl beträufeln und mit Salz und Pfeffer bestreuen.

8 ofengetrocknete Tomatenhälften in eine Küchenmaschine oder einen Standmixer geben und pürieren.

Für die Sauce das Öl in einer großen Pfanne erhitzen. Die Zwiebeln zugeben und bei mittlerer Hitze weich und braun braten. Die pürierten Tomaten hinzufügen und sorgfältig umrühren.

Die restlichen 8 Hälften zusammen mit dem Rucola ebenfalls in die Pfanne geben. Mit Salz und Pfeffer abschmecken und garen, bis die Tomaten zerfallen. Sofort servieren.

Mais-Relish

Beste Nebenrollen

Zutaten für 950 g

- 3 Maiskolben
- 1 gelbe Paprika
- 1 frischer roter Chili
- 1 frischer Jalapeño-Chili

- 125 ml Apfelessig
- 100 g Rohrzucker
- 1 EL Salz
- 1 EL gemahlene Senfsaat

- ½ EL Selleriesaat
- 1 rote Zwiebel, in Würfel geschnitten

So geht's

Die Körner vom Maiskolben abschneiden und die Paprika entkernen und würfeln.

Mais, Paprika, Chilis, Essig, Zucker, Salz, Senfsaat und Selleriesaat in einem großen Topf auf mittlerer Stufe zum Kochen bringen. Die Hitze reduzieren und unter gelegentlichem Rühren 15 Minuten köcheln lassen, bis die Mischung etwas eingekocht ist. Wenn der Zucker schmilzt, entwickelt sich genug Flüssigkeit, um die Mischung zu bedecken.

Die Zwiebel in die Maismischung rühren. Den Topf vom Herd nehmen und das Relish in sterilisierte Gläser füllen. Die Deckel verschließen und auf Raumtemperatur abkühlen lassen.

Guacamole

Beste Nebenrollen

Zutaten für 4 Personen

- 1 reife Tomate
- 2 Limetten
- 2–3 kleine reife Avocados oder 1–2 große
- ¼–½ Zwiebel, fein gehackt
- 1 Prise gemahlener Kreuzkümmel
- 1 Prise mildes Chilipulver
- ½–1 frischer grüner Chili, z. B. Jalapeño oder Serrano, entkernt und fein gehackt
- 1 EL fein gehackte frische Korianderblätter, plus einige Blätter mehr zum Garnieren

So geht's

Die Tomate in eine Auflaufform geben und kochendes Wasser darübergießen. Abdecken und 30 Sekunden ziehen lassen. Abgießen und mit kaltem Wasser abschrecken. Die Tomaten häuten, halbieren, entkernen und hacken.

Die Limetten pressen und den Saft in eine kleine Schüssel füllen. 1 Avocado längs um den Kern herum einschneiden. Die beiden Hälften gegeneinanderdrehen und den Kern mit einem Messer entfernen. Vorsichtig schälen, das Fleisch würfeln und in die Schüssel mit dem Limettensaft geben, damit sich das Fleisch nicht verfärbt. Mit den restlichen Avocados ebenso verfahren. Danach die Stücke mit einer Gabel grob zerdrücken.

Zwiebel, Tomate, Kreuzkümmel, Chilipulver, Chili und Koriander einrühren und gut vermischen. Mit Koriander garnieren und abgedeckt bis zum Servieren in den Kühlschrank stellen.

Beef-Chili

Beste Nebenrollen

Zutaten für 700–850 ml

- 2 EL Olivenöl
- 1 Zwiebel, gehackt
- 1 rote Paprika, in Würfel geschnitten
- 3 Knoblauchzehen, fein gehackt
- 450 g frisches Rinderhackfleisch
- 2 EL Chilipulver
- ½ EL Cayennepfeffer
- Salz und Pfeffer
- 400 g gehackte Tomaten aus der Dose
- 400 ml Wasser
- 2 EL frisch gehackte Petersilie

So geht's

In einem großen, schweren Topf 1 Esslöffel Öl auf mittlerer Stufe erhitzen. Zwiebel, Paprika und Knoblauch zugeben und 5 Minuten unter Rühren darin dünsten, bis sie weich werden. Das Gemüse aus dem Topf nehmen und das restliche Öl hineingießen.

Wenn das Öl heiß ist, das Hackfleisch mit Chilipulver, Cayennepfeffer und Salz und Pfeffer hineingeben. Das Fleisch mit den Gewürzen verrühren und 10 Minuten unter häufigem Rühren braun braten. Das Fleisch mit einem Holzlöffel zerteilen.

Gedünstetes Gemüse, Tomaten mit Saft und Wasser zum Fleisch in den Topf geben. Aufkochen, die Hitze reduzieren und unter gelegentlichem Rühren 45 Minuten köcheln lassen, bis die Sauce sehr dick ist. Mit Salz und Pfeffer abschmecken und die Petersilie einrühren.

Sofort servieren oder abkühlen lassen, mit Frischhaltefolie abdecken und bis zu 4 Tage im Kühlschrank lagern.

Eingelegte Jalapeños

Beste Nebenrollen

Zutaten für 950 g

- 450 g frische Jalapeño-Chilis
- 1 weiße Zwiebel
- 8 Knoblauchzehen
- 700 ml Apfelessig oder heller Essig
- 2 EL Salz
- 2 Lorbeerblätter
- 2 TL Zucker

So geht's

Den Stielansatz von den Jalapeños abschneiden und die Früchte in dicke Ringe schneiden.

Die Zwiebel schälen und grob hacken. Die Knoblauchzehen schälen.

Essig, Salz, Lorbeer und Zucker in einem großen Topf zum Kochen bringen. Chilis, Zwiebeln und Knoblauch zufügen. Die Hitze reduzieren und 5 Minuten köcheln lassen, bis die Chilis weich sind.

Die Mischung in sterilisierte Gläser füllen und mit Deckeln verschließen. Auf Raumtemperatur abkühlen lassen. Die Mischung ist etwa 2 Monate im Kühlschrank haltbar.

Orangen-Limetten-Eistee

Beste Nebenrollen

Zutaten für 2 Personen

- 300 ml Wasser
- 2 Beutel Schwarzer Tee
- 100 ml Orangensaft
- 4 EL Limettensaft
- 1–2 EL Rohrzucker
- Eiswürfel

Zum Dekorieren
- Limettenspalten
- Zucker
- Orangen- oder Limettenscheiben

So geht's

Das Wasser in einem Topf zum Kochen bringen. Vom Herd nehmen und die Teebeutel 5 Minuten darin ziehen lassen. Die Teebeutel herausnehmen und den Tee bei Raumtemperatur abkühlen lassen. In einen Krug füllen, mit Frischhaltefolie abdecken und mindestens 45 Minuten in den Kühlschrank stellen.

Wenn der Tee kühl ist, Orangen- und Limettensaft zugießen. Zucker nach Geschmack zufügen.

Für den Zuckerrand die Ränder von zwei Gläsern mit Limettenspalten einreiben, dann in Zucker drücken. In jedes Glas die Eiswürfel geben und mit Tee aufgießen. Mit einer Orangenscheibe dekorieren und servieren.

Register

KLEINES HANDBUCH FÜR **MÄNNER**

BURGER